I0423080

Guillaume De Greef

Les lois sociologiques

essai

Le code de la propriété intellectuelle du 1er juillet 1992 interdit en effet expressément la photocopie à usage collectif sans autorisation des ayants droit. Or, cette pratique s'est généralisée dans les établissements d'enseignement supérieur, provoquant une baisse brutale des achats de livres et de revues, au point que la possibilité même pour les auteurs de créer des œuvres nouvelles et de les faire éditer correctement est aujourd'hui menacée. En application de la loi du 11 mars 1957, il est interdit de reproduire intégralement ou partiellement le présent ouvrage, sur quelque support que ce soir, sans autorisation de l'Éditeur ou du Centre Français d'Exploitation du Droit de Copie , 20, rue Grands Augustins, 75006 Paris.

ISBN : 978-1539489634

10 9 8 7 6 5 4 3 2 1

Guillaume De Greef

Les lois sociologiques

essai

Table de Matières

CHAPITRE I
LA CLASSIFICATION DES SCIENCES

Quelles sont les méthodes des sciences sociales ? Que faut-il entendre par lois sociologiques ? Quel est, en général, le sens de ce mot : loi ? Il semble extraordinaire que les juristes, les légistes et les politiciens possèdent les notions les plus confuses à ce sujet, si même ils y ont jamais réfléchi; une longue et constante expérience nous prouve cependant qu'il en est malheureusement ainsi. Ce divorce, ou plutôt cette séparation transitoire entre l'empirisme juridique et politique d'un côté et la philosophie naturelle ou positive de l'autre, a son explication dans ce fait que les phénomènes juridiques et politiques sont les plus complexes de tous ceux qui sont soumis à nos méditations. L'empirisme et la métaphysique chassés de presque toutes les autres sciences physiques et naturelles proprement dites se sont réfugiés et barricadés dans cette dernière et haute citadelle largement approvisionnée depuis des siècles, en prévision de cet assaut ultime, des munitions les plus lourdes et des subsistances les plus indigestes dont les éternels vaincus du propres scientifique reconnaîtront bientôt eux-mêmes l'irrémédiables insuffisance.

Quand toutes les sciences sociales, y compris le Droit et la Politique, auront emprunté aux sciences antécédentes les armes, c'est-à-dire les méthodes positives qui ont donné la victoire à leurs aînées, cette forteresse en apparence inaccessible et irréductible s'écroulera d'elle-même ou mieux encore, pareille à ces demeures enchantées défendues par des monstres et des chimères, elle s'évanouira, comme une pure fantasmagorie qu'elle est, pour rejoindre, dans les mystérieuses régions de l'inconnaissable, toutes ces vaines superstitions légendaires où se complaisent les sociétés dans leur enfance.

Avant donc d'aborder l'étude des sciences sociales et surtout de la politique, il convient de mettre de l'ordre dans nos raisonnements, c'est-à-dire dans les procédés ou instruments d'investigation qu'il faut employer dans ce genre de recherches

Les sciences en général, au point de vue de la méthode, peuvent être envisagées sous   trois aspects différents: au point de vue dogmatique, c'est-à-dire de leur enseignement; au point de vue historique, c'est-à-dire de leur formation et de leur évolution réelles dans le temps et dans l'espace; au point de vue logique, c'est-à-dire des procédés ou des lois du raisonnement.

La question se présente tout d'abord de savoir si l'ordre logique des sciences correspond à leur ordre historique et l'un et l'autre à leur ordre dogmatique.

Une première distinction est à faire entre les sciences abstraites et les sciences concrètes : les premières ont pour objet les phénomènes, abstraction faite des corps particuliers dans lesquels ils se manifestent; les secondes considèrent les phénomènes en tant qu'incorporés. La chimie, la physiologie sont des sciences abstraites; la minéralogie , la géologie , la zoologie , des sciences concrètes. La sociologie, en tant qu'ayant pour objet la recherche des lois des civilisations particulières, est une science concrète; lorsqu'elle s'élève jusqu'à l'étude des lois qui règlent les rapports sociaux dans toute société quelconque, indépendamment du moment et de l'espace historiques, elle est une science abstraite. Ce double caractère des sciences ne doit pas être perdu de vue dans les considérations qui vont suivre.

On peut, à la façon idéaliste, soutenir que l'histoire des sciences, tant particulière que générale, doit être assimilée à un véritable raisonnement logique; on peut, s'élevant à des hauteurs métaphysiques, au delà même des nuages, prétendre indifféremment ou bien que le noumène est un produit du phénomène ou celui-ci une création du noumène, que l'esprit est le reflet du monde ou le monde le reflet de l'esprit. Ce sont là jeux de princes, des princes de la pensée humaine, nous le concédons, mais de princes qui, à l'exemple des souverains temporels, vivent dans l'absolu et aussi de l'absolu. La philosophie positive ne s'élève pas à ces subtilités; elle n'a pas de ces envolées qui font perdre de vue à la fois et la terre et les hommes ; cependant, elle a la prétention d'observer, de classer et de juger même ces grandes doctrines qui semblent échapper à toute loi; elle les ramène à leur relativité naturelle et sociale; elle décrit et explique leurs formes et leurs évolutions successives; ainsi elle réduit ces absolus apparents à ce qu'ils sont et peuvent être socialement: des phénomènes soumis eux-mêmes à un ordre statique et dynamique comme tous les phénomènes naturels. Si l'immortel auteur de l'*Esprit des lois* a pu dire avec raison que «la Divinité même a des lois», l'orgueil métaphysique peut bien se plier au même niveau, et c'est encore lui rendre service que de lui restituer ce caractère relatif et social, qui seul peut le sauver de l'oubli en le faisant entrer dans l'histoire, à côté et au-dessus des religions et de leurs formes primitives. On a pu calculer les probabilités, c'est-à-dire démontrer que le hasard même n'a rien d'absolu; si les religions et les métaphysiques soulevaient la prétention de se soustraire au déterminisme universel, par cela même elles méconnaîtraient leur incontestable et respectable fonction sociale; elles se calomnieraient pour ne pas déchoir, elles se suicideraient croyant se sauver et s'affranchir; mais cela même ne leur est plus possible: la philosophie positives, leur assignant leur rôle transitoire bien que considérable, dans l'évolution générale, leur garantit la seule immortalité possible, celle que procure l'histoire, organe enregistreur de la mémoire collective.

Nous ne connaissons des choses y compris l'homme et les sociétés que leurs phénomènes et les rapports entre ces derniers, c'est-à-dire encore des phénomènes; l'absolu, la substance, l'en-soi ne peuvent être scientifiquement atteints; il en est de même des causes premières et des causes finales, elles sont insaisissables; la science ne peut s'emparer des uns et des autres qu'en tant que leur préoccupation et leur recherche sont elles-mêmes des phénomènes sociaux, dès lors relatifs et susceptibles d'être étudiés.

Si nous limitons ainsi, comme il le faut, le domaine des sciences positives, si en outre, départageant celles-ci en concrètes et abstraites, nous avons surtout égard à ces dernières, nous reconnaissons que la série logique des sciences correspond d'une façon assez générale à leur évolution historique, c'est-à-dire aux divers moments où elles sont parvenues à se constituer comme sciences abstraites à l'état positif.

Les phénomènes relatifs à l'étendue et au nombre sont les plus simples et les plus généraux; les mathématiques sont aussi la plus abstraite des sciences; non seulement il est possible de les étudier indépendamment de toutes les autres sciences, mais les lois abstraites qu'une expérience antique a dégagées dans leur domaine sont tellement parfaites, que le raisonnement déductif a pu s'y substituer en très grande partie à la méthode inductive, en dehors de toute application concrète et particulière. Bien que, comme les sciences, la mathématique ait été précédée d'une période d'empirisme, de tâtonnements et d'inductions accompagnées et suivies de constantes vérifications, sa perfection est devenue telle que certains logiciens ont perdu de vue ces caractères primitifs; en réalité les mathématiques doivent tout à l'observation et à l'expérience comme toutes les autres sciences. L'étendue et le nombre sont les phénomènes et les rapports les plus simples et les plus généraux que nous puissions atteindre. Ceci explique pourquoi Pythagore y crut trouver la cause première de tous les faits naturels, y compris les faits sociaux et politiques; plus tard, les métaphysiciens en firent des catégories de l'esprit humain, des cadres préexistants à toutes nos idées et où elles venaient nécessairement se classer. La vérité est que tout phénomène implique la double relation d'étendue et de nombre; on n'en peut concevoir aucun indépendamment de ces propriétés élémentaires; l'étendue et le nombre, l'espace et le temps, sont le point extrême de toute abstraction.

Les mathématiques, limitées au calcul et à la géométrie, nous présentent principalement le monde des phénomènes au point de vue statique, à l'état de repos; ce n'est toutefois pas l'aspect exclusif des notions qu'elles dégagent; les nombres, par exemple, nous donnent en effet déjà, par leurs seules combinaisons, les notions d'addition, de multiplication, de succession, de développement, de croissance, d'ordre sériel hiérarchique et par conséquent d'évolution, en un mot une vue rudimentaire, la plus simple possible, de propriétés dynamiques. C'est dans la mécanique rationnelle, cette troisième branche des mathématiques, que la division logique et naturelle des phénomènes en statiques et dynamiques acquiert une importance décisive. D'un autre côte, il est incontestable qu'on peut étudier et enseigner le calcul et la géométrie indépendamment de la mécanique, même statique, on ne peut, au contraire, aborder cette dernière sans le secours des Mathématiques proprement dites. Les propriétés relatives à l'étendue et au nombre sont aussi plus générales que celles relatives aux forces; celles-ci sont déjà une combinaison particuliers de celles-là; l'arithmétique et la géométrie sont donc des sciences plus simples, plus générales, plus abstraite que la mécanique.

Nombre, étendue, forces en repos ou en activité, voilà les trois propriétés élémentaires de la phénoménalité universelle. Nous les rencontrons aux confins les plus éloignés, aux dernières cimes accessibles de la science; elles sont au berceau de l'évolution cosmique; elles sont à la base de tout enseignement; de même, au point de vue historique de la constitution positive des sciences abstraites, les annales de toutes les civilisations nous montrent ces sciences comme les premières en possession de leurs méthodes et de leurs lois; leurs applications concrètes elles-mêmes ont précédé dans leurs progrès toutes les autres.

On peut envisager l'astronomie, à l'exemple d'A. Comte, comme science abstraite, c'est-à-dire en tant qu'ayant pour objet les lois générales des corps célestes, indépendamment de leurs structures et de leurs évolutions particulières. Si l'arithmétique, la géométrie, la mécanique se suffisent à elles-mêmes, il n'en est plus ainsi de l'astronomie, même abstraite; celle-ci n'a plus la même indépendance; elle a toujours besoin de l'appui de ses sœurs aînées: le nombre, l'étendue, le mouvement sont inséparables de l'étude des corps célestes; la théorie de leur formation et de leur évolution, la loi de la gravitation universelle sont des applications plus complexes à des cas spéciaux des propriétés dont s'occupent les sciences antécédentes; il y a une astronomie mathématique et une mécanique céleste, qui sont quelque chose de plus que la mathématique et la mécanique; elles sont en un mot moins simples, moins générales, moins abstraites. L'ordre logique postpose donc avec raison l'astronomie aux trois grandes divisions des mathématiques. Or, on ne peut étudier et enseigner ce qui est complexe qu'à la suite et au moyen de ce qui est plus simple, de la même manière que, dans un raisonnement logique, on ne peut déduire des lois générales ou des conclusions complexes que d'inductions particulières et de propositions plus simples. La constitution de l'astronomie en science positive abstraite, s'est conformée historiquement à cette loi logique; elle fut consécutive à la constitution des sciences mathématiques abstraites.

Toutes ces sciences, ainsi que les sciences suivantes, dont nous allons nous occuper, sont, remarquons-le bien, considérées toujours ici en tant que sciences abstraites ; elles le sont sous un double rapport: d'abord en tant qu'elles peuvent être étudiées et enseignées, abstraction faite des corps particuliers et concrets de la nature, ensuite en tant qu'elles peuvent et doivent l'être, abstraction faite des sciences postérieures plus complexes.

Il ne faut pas non plus confondre le degré d'abstraction d'une science avec son degré de généralité, bien qu'en fait ces deux notions se confondent bien souvent. Les sciences les plus simples et les plus générales sont également les plus abstraites ou susceptibles de la plus grande abstraction; mais les sciences les plus générales ne sont pas nécessairement et seulement abstraites, elles peuvent être également concrètes, c'est-à-dire s'appliquer à l'étude de formes, corps inorganiques, organiques ou sociaux, déterminées. C'est ainsi qu'il y a une astronomie abstraite et une astronomie concrète, une sociologie abstraite et une sociologie concrète. Il y a, en effet, une astronomie et une sociologie qui ont pour objet la science des lois de tous les corps célestes et de toutes les sociétés, abstraction faite de la structure et du fonctionnement transitoire de ces corps et de ces sociétés dans le temps et dans l'espace; ceux-ci sont du domaine de la sociologie et de l'astronomie concrètes; dans les deux cas, le degré de généralité des phénomènes relatifs à ces sciences reste le même; la différence est dans leur aspect concret ou abstrait.

Parmi les sciences abstraites consacrées à l'étude des corps bruts, la physique est évidemment moins simple et moins générale, plus complexe et plus spéciale que les sciences antécédentes. Elle étudie les rapports des corps les uns avec les autres, indépendamment de la composition de ces corps et de leurs combinaisons, abstraction faite par conséquent de leurs propriétés chimiques et organiques. Au contraire, si l'on peut étudier les mathématiques, la mécanique et l'astronomie, abstraction faite des phénomènes relatifs à la barologie, à la thermologie, à l'acoustique, à l'optique, et l'électricité, etc., on ne peut étudier ceux-ci sans celles-là. La théorie des mouvements des corps célestes, la loi de la gravitation universelle sont tirées des rapports entre la masse et la distance des corps, c'est-à-dire de rapports de nombre et d'étendue d'après lesquels on calcule la vitesse de leur mouvement ou l'intensité de leur gravitation; ainsi, géométrie, calcul, mécanique sont les facteurs logiques et naturels de l'astronomie. De même les lois astronomiques et les lois des sciences encore plus simples interviennent constamment dans l'étude des phénomènes physiques; il en est ainsi, par exemple, de la pesanteur qui se relie directement à la gravitation universelle. C'est aussi un fait historique incontestable que la physique s'est constituée comme science positive postérieurement aux mathématiques, à la mécanique et à l'astronomie: les sciences mathématiques et mécaniques avaient dès la plus haute antiquité, en Orient, en Egypte et en Grèce, réalisé des progrès considérables même comme sciences notamment dans ce dernier pays. Au contraire, la science astronomique, surtout abstraite, malgré des observations empiriques, des inductions, des généralisations et surtout des hypothèses importantes très anciennes, ne s'est élevée à la dignité de science abstraite que très tard, vers la fin du XVe, au XVIe et au commencement du XVIIe siècle. Il suffit de citer Copernic, Galilée, Kepler. Si Newton découvrit la loi de la gravitation et de la pesanteur, c'est qu'il était le plus grand mathématicien de son temps. La physique, à son tour, se constitua comme science positive abstraite, encore plus tard. Il est inutile de rappeler qu'elle fut, par suite de la confusion primitive bien que naturelle de l'animé et de l'inanimé, une des sources principales de toutes les superstitions religieuses qui, depuis le fétichisme le plus grossier jusqu'au monothéisme le plus élevé, alimentèrent l'ignorance universelle et remplacèrent provisoirement la philosophie positive des sciences, mais il convient de ne pas oublier que, déjà au déclin du monothéisme occidental, il y a trois cents ans à peine, les théories métaphysiques d'après lesquelles, par exemple, la nature avait horreur du vide, étaient encore en pleine efflorescence. C'est, en définitive, au XVIIe siècle seulement que la physique s'érigea en science positive, indépendante de la religion et des vaines et puériles entités et subtilités de la métaphysique. En réalité, la physique est une science non seulement européenne, mais moderne.

Les mêmes considérations s'appliquent aussi à plus forte raison à la chimie; cette science ne peut être étudiée ni enseignée sans une initiation préliminaire et suffisante aux sciences antérieures; elle est un degré de plus dans l'ordre de complexité et de spécialité des phénomènes. Longtemps la composition et la décomposition des corps furent la base des croyances et des dogmes mystérieux sur le fumier desquels pullulèrent les religions; longtemps la chimie fut la science hermétique, scholastique et puis franchement métaphysique; pendant des siècles, sous le nom de chrysopée ou.

Guillaume De Greef

d'alchimie, elle s'affola dans la recherche de l'absolu, notamment. dans la poursuite des procédés pour changer les métaux en or. Ce n'est qu'après de longs tâtonnements empiriques, que, parvenant enfin à rompre ses préjugés mystiques et philosophiques, vers la fin seulement du XVIIIe siècle, la chimie réussit à circonscrire nettement son domaine dans le monde de la phénoménalité universelle; elle se limita dès lors à la recherche des rapports et des lois de combinaison et de décomposition résultant de l'action moléculaire des diverses espèces de corps cristallisables ou volatils, naturels ou artificiels. Alors seulement une philosophie chimique devint possible par la généralisation de plus en parfaite des faits et des rapports observés ou expérimentés; alors seulement on put commencer à entreprendre de déduire de ces généralisations des lois abstraites, tant statiques que dynamiques, soit que l'on considérât surtout les *conditions* nécessaires dans lesquelles les phénomènes peuvent avoir lieu, c'est-à-dire sont *aptes* à agir, soit que l'on considérât principalement les actions moléculaires elles-mêmes dans leur *activité*. La constitutions de la chimie abstraite et positive nous reporte seulement à la fin du XVIIIe siècle; le nom de l'illustre et malheureux Lavoisier restera à jamais attaché à cette période capitale de l'évolution historique des sciences.

La chimie dite organique est toute moderne; sa constitution est postérieure à celle de la chimie inorganique; en tant qu'elle s'occupe des substances organisées, telles que la fibrine, l'albu-mine, la cellulose, l'amidon, etc., Dumas et Littré ont soutenu avec raison, au point de vue des classifications logiques et naturelles, qu'il convenait de la rattacher de préférence à l'anatomie et à. la physiologie, le domaine de la chimie devant être limité à celui des corps non vivants, non organisés. Ce qu'A. Comte appelle la chimie organique appartiendrait donc en réalité déjà à la physiologie. La controverse soulevée autour de cette question est du reste la meilleure preuve que la chimie dite organique est la transition naturelle, à la fois logique et historique, reliant la chimie à la physiologie. Quoi qu'il en soit, la chimie ne peut être ni étudiée ni enseignée sans le secours des autres sciences antécédentes; celles-ci, au contraire, peuvent l'être et se sont constituées historiquement avant et sans la chimie.

Si Lavoisier peut être considéré comme ayant, à la fin du XVIIIe

siècle, jeté les bases de la philosophie chimique abstraite [1], il est incontestable qu'il fallut les progrès décisifs et continus depuis lors de cette dernière science pour permettre à la physiologie de dégager ses premières lois abstraites des conceptions empiriques, métaphysiques et même religieuses où elle se complaisait encore au siècle dernier. De tous les ancêtres de la physiologie générale ou, si l'on préfère, de la philosophie physiologique, l'illustre Wolf seul appartient à la fin du XVIIIᵉ siècle; tous les autres, l'olympien Gœthe, Bichat, Lamarck, Cuvier, Geoffroy-Saint-Hilaire, K. von Baer, Darwin appartiennent ou tout à fait au siècle actuel, ou en partie seulement aussi au siècle précédent. Que la physiologie est une science plus complexe que la chimie et moins générale, il ne viendra à l'idée de personne de le contester; son enseignement serait impossible sans l'étude préliminaire de cette derniers. Les propriétés vitales résultent d'un degré supérieur de composition et de combinaison des corps; de là des caractères spéciaux, lesquels ne peuvent être reconnus et dégagés qu'à la suite des propriétés chimiques. La vie et la mort sont la province de la physiologie, province comprise dans un Etat plus étendu dont les autres départements ne manifestent pas les mêmes phénomènes; au delà de l'étende des éléments anatomiques commence le territoire de la Chimie, comme au delà de celui des éléments chimiques s'ouvre celui de la physique, et puis, dans des limites qui les englobent tous, ceux relatifs aux phénomènes de l'étendue et du nombre, lesquels eux-mêmes confinent à l'inconnaissable infini de l'espace et du temps.

Comme dépendance particulière et plus complexe encore de la physiologie, A. Comte, avec raison, a compris dans sa classification hiérarchique des sciences le groupe de phénomènes désigné par lui sous le titre de physiologie intellectuelle et affective, autrement dit la physiologie psychique ou Psychologie. Elle aussi, à cette heure, s'érige en science abstraite indépendante.

Au point de vue logique, il est certain que cette classe de phénomènes est un cas spécial, mais plus complexe des propriétés vitales en général, de la même manière que celles-ci sont une combinaison supérieure et particulière des propriétés chimiques, physiques, mécaniques, lesquelles, en fin de compte, le sont en général de la

---

1 Berthelot. La Synthèse chimique.

Guillaume De Greef

figuration et de la situation (géométrie) d'un certain nombre (calcul) d'éléments on d'agrégats d'éléments inorganiques dans le temps et dans l'espace. L'étude des phénomènes psychiques est impossible sans la connaissance préalable des lois de la physiologie générale et de celles de toutes les sciences antécédentes. Historiquement, du reste, la physiologie psychique s'est dégagée seulement dans ces derniers temps de la gangue fruste des dogmes religieux et des systèmes métaphysiques: elle n'a commencé à être en possession constante de sa méthode scientifique que dans la dernière moitié de ce siècle. L'antique classification même des sciences, basée non pas sur leurs caractères objectifs, mais sur les facultés subjectives déduites *a priori* de la constitution imaginaire de la nature humaine, telle que l'établirent F. Bacon et après lui d'Alembert lui-même, dans la Grande *Encyclopédie,* est la meilleure preuve qu'aux XVIIe siècle et XVIIIe siècles la science des phénomènes mentals était encore, chez ses représentants les plus éminents, dans sa période de gestation métaphysique. Le tableau des facultés cérébrales dressé par A. Comte est aussi essentiellement subjectif, et les déductions sociologiques qu'il en tira étaient la négation radicale de sa propre méthode positive. Il a fallu, en définitive, que nos laboratoires de physiologie, après que celle-ci elle-même fut devenue une science expérimentale, prêtassent aux psychologues leurs instruments d'observation et d'expérimentation, pour que la science des phénomènes mentals fût enfin entraînée dans le courant scientifique général. Alors seulement la psychologie, devenue positive, put s'arracher notamment à la simple et stérile observation interne du moi par le moi, procédé si imparfait qu'il excluait naturellement et tout d'abord et la psychologie infantile et la psychologie des populations primitives, y compris celle de ces masses attardées qui grouillent au fond de nos hautes civilisations. A l'aide d'instruments enregistreurs dont l'usage lui fut révélé principalement par la physiologie, la psychologie put alors seulement aussi commencer à mesurer, d'une façon exacte, la quantité, la durée, l'intensité des faits psychiques, problèmes si importants au point de vue, par exemple, de la question du temps normal et utile qu'il convient de consacrer au travail , tant physique qu'intellectuel. L'observation interne et même la simple observation externe étaient également impuissantes à aborder l'examen des phénomènes plus ou moins anormaux, tels que ceux relatifs à la psychologie des idiots, des déments, des délinquants, sans compter celle des femmes et des vieillards; tous ces états mentals, le plus grand métaphysicien et prestidigitateur du monde ne peut évidemment les produire en lui-même à volonté aux fins de les contempler dans le champs de sa propre conscience, et, s'il le pouvait, il ne serait plus guère à même de les observer, car on ne se figure pas aisément ce dédoublement mystérieux d'une âme dont une part, en pleine conscience scientifique, observerait avec solennité l'autre devenue déraisonnable et même imbécile. L'étude des passions en général, dans ce système, révèle la même inconséquence, les mêmes contradictions. L'observation directe externe elle-même ne peut nous en révéler que les caractères également externes, c'est-à-dire superficiels. L'une et l'autre dans tous les cas étaient impuissantes à transformer les simples descriptions psychiques qualitatives en ces mensurations quantitatives qui sont l'idéal de toute science parfaite en possession de sa méthode.

Il faut donc étudier la physiologie végétale d'abord et animale ensuite avant la psychologie; cette initiation préliminaire est indispensable, ne fût-ce que pour acquérir la notion de ce que sont la structure et le fonctionnement des êtres vivants, ces deux aspects, l'un statique, l'autre dynamique, de la science de la vie et de la mort. La biologie proprement dite, la première élève notre intelligence à la notion de structures, d'organes, d'appareils d'organes, etc.; la physiologie nous fournit celle du fonctionnement, non plus d'entités idéales, mais de combinaisons objectives supérieures dont l'activité constitue la vie des organes et des systèmes généraux de structure.

D'après A. Comte, cette classification hiérarchique serait conforme non seulement à l'ordre logique et historique, mais à l'ordre dogmatique, c'est-à-dire relatif à l'enseignement des sciences. Il restreint cependant cette vue trop générale en ajoutant qu'au point de vue dogmatique l'ordre logique est et doit rester prédominant, tandis qu'au point de vue de la constitution historique des sciences, il faut tenir compte d'un phénomène considérable, c'est-à-dire de leur connexion statique, ou de structure et de leur interdépendance dynamique, c'est-à-dire de leur activité réciproque, de l'influence mutuelle qu'elles exercent les unes sur les autres au cours de leur évolution progressive. De ce phénomène capital résulte leur avancement, non plus simplement successif, mais aussi et à la fois connectif ou collectif et simultané.

Cette considération de Comte nous semble elle-même devoir être restreinte, en ce sens qu'elle s'applique principalement à la structure et à l'évolution historique des sciences concrètes. Toutes les sciences abstraites dont nous venons de parcourir la série ont, en effet, leurs sciences correspondantes concrètes. Il en est ainsi des mathématiques, y compris la mécanique, en tant que sciences appliquées; il y a de même une astronomie concrète; les sciences physico-chimiques abstraites ont leurs équivalents concrets, par exemple, dans la minéralogie et la géologie; la physiologie, dans la médecine, la botanique, la zoologie, l'anthropologie; la sociologie abstraite, dans l'histoire des civilisations particulières.

Ces sciences concrètes préparées et fortifiées pendant des siècles, par des procédés d'abord empiriques, doivent faire seules, en réalité, l'objet principal de la restriction apportée par Comte à la concordance qui existe entre la constitution logique des sciences abstraites et leur constitution historique ; en tant que sciences abstraites, même au point de vue historique comme nous l'avons indiqué, la correspondance entre l'ordre logique et l'ordre historique est, peut-on dire, parfaite, sauf les variations accessoires et négligeables que l'on rencontre à l'occasion de l'étude de tous les phénomènes sociaux, variations dont l'importance disparaît, pour ainsi dire, à mesure que l'on embrasse un champ d'expérience plus étendu dans le temps et dans l'espace.

L'observation de Comte exige encore d'être rectifiée et complétée sous un autre rapport : sa distinction entre l'ordre logique et dogmatique d'un côté et l'ordre historique de l'autre est insuffisante; l'ordre dogmatique n'est et ne peut pas être absolument le même que l'ordre logique; il est quelque chose d'intermédiaire, par sa nature, entre les lois de la pensée et du raisonnement et les lois de l'histoire; il emprunte aux unes et aux autres des caractères spéciaux qui en font un type à part qu'on ne peut confondre avec elles sans amener des conséquences graves à la fois théoriques et pratiques. Dans l'enseignement, le procès logique et le procès historique doivent se prêter un constant et mutuel appui ; par là seulement l'enseignement à tous ses degrés revêt ce grand caractère social de simultanéité et de continuité qui ne permet pas que les diverses parties de l'organisme scientifique soient disloquées et mutilées à l'école, non plus qu'elles le sont dans la structure générale effective des sociétés et dans leur évolution ou dynamique réelle.

Sous ce rapport, de tout temps l'enseignement public officiel et libre s'est heureusement, comme par un besoin instinctif, conformé plus ou moins, bien que d'une façon encore empirique et insuffisante, aux véritables et permanentes nécessités scientifiques des sociétés. A tous les degrés, dans l'enseignement primaire, dans l'enseignement moyen, y compris les athénées, et dans les universités, l'enseignement est déjà et continuera d'une façon de plus en plus raisonnée et systématique à être à la fois successivement et simultanément intégral; l'ordre successif, logique et historique des sciences y sera seulement de plus en plus combiné avec les nécessités dogmatiques de simultanéité et d'interdépendance de toutes les sciences, en ce sens, qu'à chaque degré plus élevé dans la hiérarchie de l'enseignement et dans chaque classe plus élevée de chaque degré, cet enseignement sera de plus en plus approfondi dans toutes et chacune des branches spéciales. L'enseignement, en un mot, à tous les degrés devra toujours être à la fois général et spécial, c'est-à-dire encyclopédique; en outre, il devra devenir de plus en plus approfondi et spécial, à. mesure que l'on gravit les échelons scolaires, mais en contre-balançant de plus en plus rigoureusement cette spécialisation croissante par le contrepoids nécessaire de considérations générales et abstraites tirées des sciences particulières et des rapports qui les unissent entre elles. Cette prédominance constante et progressive de l'ensemble sur le particulier imprime seule à l'enseignement son véritable caractère social.

Ces observations sont surtout importantes, si, avec Comte et toute l'école positiviste y compris Spencer, nous complétons maintenant le tableau hiérarchique des sciences, tel que nous venons de l'exposer, par l'adjonction de la science la plus spéciale et la plus complexe de tontes et qui en est comme le couronnement, la sociologie.

La sociologie abstraite complète la série logique et historique des autres sciences abstraites. Elle a pour objet la recherche et la connaissance des lois générales qui résultent des rapports des hommes les uns avec les autres, abstraction faite des forces originales, variables et transitoires dans lesquelles ces rapports se manifestent dans les sociétés particulières ; celles-ci sont le domaine réservé de la sociologie concrète.

Au point de vue logique, c'est un fait d'observation constante et indéniable que les phénomènes sociologiques sont de leur nature plus complexes et moins généraux que les phénomènes purement physiologiques et psychiques individuels. Ceux-ci, il est vrai, manifestent déjà un degré très intéressant des propriétés d'association tant organiques proprement dites qu'émotionnelles et intellectuelles. Les phénomènes relatifs à l'imitation, à la sympathie, à l'association des sentiments et des idées, le langage lui-même sont à la fois d'ordre psychique individuel et collectif ; par eux la sociologie se relie fonctionnellement et organiquement aux phénomènes du ressort de toutes les sciences antécédentes. Par cela même ils constituent la transition naturelle vers des modes d'organisation et d'association plus composites encore. Les sociétés, en effet, nous présentent des propriétés, des formes de combinaisons et de fonctionnement que nous ne rencontrons nulle part ailleurs, pas même dans les corps organisés et vivants en général. Il suffit, par exemple de signaler, comme caractères distinctifs, que dans les agrégats sociaux toutes les unités composantes sont plus ou moins douées de sensibilité et de conscience, qu'en outre, tout au moins dans les structures sociales supérieures, des combinaisons originales résultent, notamment en ce qui concerne leurs liens connectifs, de la propriété que possèdent ces mêmes unités composantes de s'unir entre elles, tant au point de vue économique qu'aux points de vue génésique ou familial, intellectuel, moral, juridique et politique, par des liens purement contractuels, pour reconnaître que la science sociale a un domaine privé, constitué d'un ensemble de propriétés particulières qu'on ne rencontre dans les départements d'aucune des sciences antérieures. De ces titres authentiques résulte pour la sociologie son droit légitime à sa reconnaissance comme science à la fois indépendante et souveraine, bien que la dernière conçue et née de toutes les autres sciences. Telle est, en un mot, la constitution de la sociologie, que, dans le grand royaume féodal des sciences, elle est et 1a fois serve et seigneur; serve en tant que dépendante elle-même de toutes les sciences antécédentes, seigneur en tant que par sa naissance et son évolution elle s'est élevée au-dessus de ces dernières par la dignité et la supériorité croissante de ses prérogatives et de ses fonctions.

Si nous complétons maintenant à ce point de vue nos précédentes conclusions dogmatiques, nous devons dire qu'à tous les degrés, primaire, moyen, supérieur, l'enseignement des sciences doit être parfait par un enseignement, proportionnel en intensité, des sciences sociales.

Ici se place naturellement une observation applicable à toutes les sciences, y compris la sociologie: non seulement l'enseignement scientifique doit être encyclopédique à tous les degrés, mais cet enseignement doit être méthodique, c'est-à-dire conforme aux procédés rationnels qu'imposent les lois logiques, lesquelles sont elles-mêmes des lois tirées de notre constitution physiologique et psychique. Ainsi, au degré inférieur doivent naturellement être enseignées seulement de chaque science les notions les plus simples et les plus générales ; cette nécessité résulte à toute évidence de nos considérations antérieures; mais ce n'est pas tout: la psychologie positive nous montre que, pas plus que le sauvage, l'enfant n'est capable d'abstraire ni de généraliser; ce n'est que peu à peu et très lentement, à force d'observations et d'expériences particulières et accumulées, qu'il parvient à s'élever à des concepts généraux, à la notion de lois d'abord concrètes, puis abstraites.

L'enseignement inférieur et même moyen, dans les classes inférieures, celui-ci cependant dans une proportion déjà moindre, sera donc avant tout un enseignement intuitif, inductif, concret. Tout en embrassant partout et toujours l'arbre encyclopédique complet des sciences, y compris les sciences sociales, il ne se départira qu'avec une circonspection extrême de ces procédés dogmatiques imposés par la nature elle-même. C'est dans tous les cas par des observations tirées des sciences les plus générales et les plus simples, des phénomènes les plus fréquents et les plus ordinaires qu'il faudra commencer, à pas comptés, par enseigner aux jeunes gens à formuler eux-mêmes leurs premières généralisations, leurs abstractions spontanées, notamment dans la géométrie, le calcul, la mécanique et la physique, tous ordres de phénomènes du plus haut intérêt pour les enfants et les jeunes gens et constituant même une véritable une véritable récréation quand, au lieu de se servir de formules sèches et abrutissantes, le professeur objective expérimentalement son enseignement. C'est assez dire que l'irrationnel enseignement des *règles* de la grammaire, par exemple, est aussi peu en rapport avec l'état des jeunes intelligences que celui d'une métaphysique ou d'une philosophie générale et abstraite des sciences. La grammaire, en tant que formulaire des lois du langage oral ou écrit, doit être rigoureusement expulsée de l'enseignement au moins primaire tout aussi bien que le catéchisme. Il n'y a pas plus de place dans les cerveaux infantiles pour une conception des lois du langage, que pour une conception cosmogonique et sociale, générale ou abstraite et même concrète.

C'est ainsi qu'au point de vue dogmatique, il convient de combiner toujours rigoureusement les nécessités de l'ordre logique avec celles de l'ordre historique, en procédant en définitive pour chaque éducation particulière, mais avec une rapidité incomparable, par les mêmes stades traversés par les civilisations particulières et l'humanité en général dans son évolution scientifique, avec cette restriction capitale qu'il est inutile de repasser par les mêmes erreurs ou déviations, et qu'il est possible actuellement de suivre une ligne raisonnée et droite.

En résumé, les procédés dogmatiques, tout en se conformant aux classifications logiques, suivent un ordre moins simple et moins rigoureux; ils doivent également tenir compte des grandes conditions de simultanéité et d'interdépendance historiques des sciences, surtout concrètes. Ce n'est pas tout: comme nous venons de le voir, les classifications logiques sont elles-mêmes en rapport avec la structure et le fonctionnement de notre intelligence; celle-ci, au cours de l'évolution de toute vie individuelle, se manifeste suivant des modalités différentes selon les âges; son activité est autrement conditionnée pendant l'enfance et l'adolescence qu'en pleine maturité; les méthodes dogmatiques, tout en se différenciant partiellement de l'ordre purement logique, doivent donc toujours se conformer à la constitution physiologique et psychique des élèves; elles doivent par conséquent transiter du concret à l'abstrait, du particulier au général, du simple au composé.

D'un autre côté, l'enseignement scientifique n'a pas son objectif en lui-même; il a une destination sociale; il s'applique à tous les besoins de plus en plus complexes, non seulement matériels, mais idéaux, des individus et des sociétés; chaque science correspond, dans ses applications, à un ou et plusieurs arts et professions différents. Aux premiers stades de l'enseignement, les notions les plus simples se confondent généralement avec leur utilité pratique, mais à mesure qu'il devient à la fois plus généralisateur, plus abstrait et en même temps plus intensif, la nécessité apparaît, dans l'intérêt de l'équilibre intellectuel et même physiologique et surtout dans l'intérêt supérieur de l'adaptation incessante aux conditions sociales de l'existence, d'une intervention de plus en plus considérable de l'enseignement professionnel. Ainsi, dans les instituts supérieurs du Commerce, de l'Industrie, de l'Agriculture, dans las écoles polytechniques et dans les diverses facultés universitaires, le maximum d'abstraction et de généralisation scientifique et philosophiques doit être naturellement contrebalancé par le maximum de spécialisation professionnelle. Là où l'enseignement universitaire se réduit à être une fabrique de diplômes professionnels, il est aussi vicieux que là où il ne produirait que des théoriciens et des abstracteurs de quintessence. En outre, qu'on y prenne garde, ce n'est pas la métaphysique qui peut servir de contrepoids, avec ses rêves, à la différenciation sociale progressive des études et des fonctions; la philosophie de chaque science particulière et la philosophie générale des sciences peuvent seules remplir cette indispensable mission; la spécialisation scientifique et professionnelle a son antidote dans la généralisation également scientifique qui permet à chaque conscience individuelle de rattacher l'existence de toute profession particulière à l'ensemble de l'organisation collective et par là de reconnaître et de proclamer la dignité et l'équivalence de tous les métiers, libéraux ou manuels, dans la trame indivisible de la vie des sociétés.

Cette considération est de la plus haute importance, surtout si l'on complète le tableau hiérarchique des sciences par la philosophie des sciences sociales particulières, c'est-à-dire par la sociologie qui en est le couronnement. L'enseignement de la sociologie est l'indispensable conclusion de l'enseignement de toutes les écoles, instituts ou facultés, dont l'ensemble constitue l'Instruction supérieure. Sans l'initiation à cette philosophie générale, les spécialistes non seulement ne pourront jamais être que des particularistes très bornés et sujets à toutes les divagations dès qu'ils seront, comme c'est inévitable pour tout homme vivant en société, entraînés à sortir du domaine restreint de leur activité ordinaire, mais ils en arriveront même à être des spécialistes inférieurs en intelligence à ceux de leurs confrères dont l'équilibre intellectuel n'aura pas été déformé comme le leur par l'exercice de facultés isolées. Il se produira, et il s'est malheureusement produit déjà, dans le domaine des professions dites libérales, le même phénomène qui s'est manifesté dans le domaine industriel: la division excessive et sans contrepoids du travail amènera l'automatisme machinal et finalement une atrophie mentale générale.

L'enseignement doit donc être intégral à tous les degrés; il commencera par être concret et, à mesure qu'il se différenciera en spécialités professionnelles, cette division nécessaire sera compensée par une généralisation et une abstraction progressives non moins nécessaires. Les spécialités les plus éminentes, si elles ne sont pas constamment dans un rapport harmoniques, avec le surplus de la structure sociale, n'apparaissent plus, en définitive, que comme des déviations et des déformations organiques; les gibbosités les glus hautes n'ont jamais, en aucun temps, été considérées comme un attribut de la beauté; les difformités intellectuelles ne le sont pas davantage au point de vue de la plastique du corps social.

De tout ce qui précède, il résulte, avec non moins d'évidence, qu'il existe, dans la législation qui règle notre enseignement supérieur, des lacunes et des vices considérables. Les conditions physiologiques, psychiques, logiques, historiques et dogmatiques que nous avons brièvement exposés ci-dessus, conditions actuellement reconnues par tous les hommes de science, constituent, en réalité, les lois nécessaires, c'est-à-dire naturelles, qui doivent présider à l'organisation de tout enseignement notamment supérieur.

Or, non seulement la sociologie abstraite et même concrète est écartée des programmes officiels, mais par quelle aberration, si ce n'est par une réminiscence théologique et métaphysique inconcevable dans l'état de nos connaissances, a-t-on pu, par exemple, placer la Faculté de philosophie, au point de vue de l'ordre des études, avant les autres facultés, notamment celle de droit ? Il est évident, pour peu qu'on y réfléchisse, que la philosophie ne peut consister que dans la recherche des lois dégagées par l'étude de toutes les sciences antérieures; c'est à cette condition seulement qu'elle peut être elle-même une philosophie positive ou scientifique. La philosophie des sciences en général et des sciences sociales en particulier ne peut donc être que le couronnement, la terminaison naturelle de ces dernières; son enseignement final devrait réunir dans un même auditoire les étudiants de *toutes* les Facultés *après* l'achèvement de leurs études professionnelles, c'est-à-dire spéciales. L'ordre antinaturel et imparfait actuel ne s'explique précisément que par le caractère soit théologique, soit métaphysique de l'enseignement philosophique dominant.

Voilà pour la philosophie en général. En ce qui concerne la psychologie en particulier, elle est une dépendance de la physiologie, elle ne peut donc et ne doit être enseignée qu'après une initiation physiologique suffisante; la dernière loi sur l'enseignement universitaire, en Belgique, a déjà partiellement reconnu cette dépendance nécessaire; il faut l'affirmer d'une façon de plus en plus nette; il faut insister notamment sur ce que l'enseignement d'une physiologie psychique purement scientifique est le véritable préliminaire à l'étude des sciences sociales et notamment de toutes celles qui sont enseignées dans les facultés de droit. Le droit lui-même et surtout le droit criminel ont leurs fondements dans notre structure biologique et psychique; la théorie de la responsabilité pénale n'est qu'un cas particulier de la théorie de la respon-sabilité morale; l'une et l'autre sont conditionnées par la psycho-physiologie; même toute la théorie du consentement, celle des conventions et des obligations en droit civil sont à réviser dans ce sens; ici également l'ancienne métaphysique doit être expulsée par la philosophie positive [1].

L'ordre logique, historique et dogmatique de l'ensemble de toutes les sciences particulières nous montre déjà par lui-même ce qu'il faut entendre par loi au sens scientifique de ce mot : *la loi est le*

---

1 Pour n'en citer qu'un exemple, le contrat de louage de service, tel que le règle le Code civil, présuppose le libre arbitre absolu de l'individu et une égalité idéale entre le maître et l'ouvrier; cette conception métaphysique viole à la fois et méconnaît les conditions physiologiques, psychiques et collectives, notamment économiques, de la classe laborieuse. C'est ce qu'ont dû finalement reconnaître tous les publicistes qui se sont occupés, par exemple, de la question des accidents du travail et de la réglementation de ce dernier au point de vue des sexes, de l'âge et aussi de la durée du travail même pour les adultes

Guillaume De Greef

rapport nécessaire qui existe entre tout phénomène et les conditions où ce phénomène apparaît. Le tableau hiérarchique des sciences depuis les mathématiques jusqu'à la sociologie, est la formule d'une loi à la fois statique et dynamique; statique en ce sens que l'ordre nécessaire de l'organisme scientifique est tel que les sciences les plus spéciales et les plus complexes reposent sans exception sur des sciences plus générales et plus simples; dynamique en ce sens que dans leur activité et notamment dans leur évolution à la fois historique et logique elles obéissent à la même loi, au même ordre, déterminés par les mêmes conditions.

Voyons maintenant par quelles méthodes nous pouvons reconnaître et dégager les lois scientifiques des phénomènes en général et notamment des phénomènes sociologiques.

CHAPITRE II
LES LOIS SCIENTIFIQUES

La classification des sciences, conformément aux considérations précédentes, et moyennant les réserves qu'il convient d'y apporter selon que l'on envisage spécialement cette classification, soit au point de vue simplement logique, soit au point de vue historique, soit au point de vue dogmatique, nous fournit par elle-même un premier et frappant exemple de ce qu'il faut entendre par: *loi sociologique.* Cette classification formule de la façon la plus simple et la plus générale le *rapport nécessaire* qui, abstraction faite de toutes les circonstances locales ou temporaires, c'est-à-dire quel que soit le corps social observé, relie indissolublement les phénomènes scientifiques entre eux tant à l'état statique, c'est-à-dire sous le rapport de leur structure générale, qu'à l'état dynamique, c'est-à-dire sous le rapport de leur évolution et de leur action réciproque. Il s'agit donc, dans cet exemple, d'une loi sociologique abstraite dégagée des sciences également abstraites.

Comment, par quelle méthode les fondateurs de la philosophie générale des sciences et notamment Bacon, Descartes, d'Alembert, Condorcet, A. Comte ont-ils d'une façon successivement plus parfaite et plus complète, dressé ce tableau hiérarchique des sciences, comment sont-ils parvenus à dégager et à formuler cette loi ?

L'évolution scientifique progressive dont ces illustres penseurs furent les plus nobles représentants fut, en réalité, conforme aux lois mêmes de notre constitution psychique dont les lois logiques, à leur tour, sont une application. Les sciences abstraites succédèrent naturellement aux sciences concrètes, comme ces dernières elles-mêmes avaient été précédées d'une phase principalement empirique dont la nécessité explique à son tour les hypothèses théologiques et métaphysiques qui furent les premiers liens artificiels de nos observations primitives, confuses et incohérentes. Le progrès de la philosophie positive ou générale repose sur le progrès des sciences abstraites et celui-ci sur le perfectionnement des sciences concrètes dont les premiers pas sont empiriques; sciences abstraites et sciences concrètes se prêtent, en outre, un appui mutuel, celles-là servant à leur tour au perfectionnement de celles-ci, à mesure que la série hiérarchique des sciences abstraites devient plus complète par la constitution de ses départements les plus spéciaux et les plus complexes, tels que la physiologie, la psychologie et la sociologie. A partir de ce moment la fonction sociale de la théologie et de la métaphysique, bon gré, mal gré, disparaît faute d'exercice et d'emploi; leurs organes s'atrophient comme tous les organes hors d'usage.

Les procédés individuels des précurseurs de la philosophie générale des sciences furent, en réalité, le reflet du processus intellectuel collectif. Ils avaient recueilli par héritage ancestral ou social une masse considérable d'observations de tous genres ; ils y avaient ajouté un grand nombre d'acquisitions personnelles. Il s'agissait maintenant pour eux de mettre, comme disait Descartes, de l'ordre dans cette collection de faits dont les plus redoutables et les plus trompeurs étaient précisément ceux qui, sous le masque des hypothèses religieuses et métaphysiques, s'offraient déjà fallacieusement sous une apparence séduisante de cohésion naturelle et universellement admise par les consciences. Descartes, sous ce rapport, rendit un inappréciable service philosophique en faisant du doute le point de départ de tout progrès philosophique. Dès lors, la première opération devait être nécessairement une révision ainsi qu'un dénombrement analytique de tout le savoir scientifique emmagasiné par l'intelligence des siècles. La deuxième opération fut de réunir sous une même dénomination ou étiquette toutes les observations, tous les phénomènes qui présentaient des caractères communs et de former successivement des groupes distincts de phénomènes de ceux auxquels venaient s'ajouter des caractères spéciaux qui ne se retrouvaient pas chez les autres.

L'observation, l'analyse, l'induction, voilà quels furent les flambeaux de la méthode; par elles, il fut possible de procéder à des classifications naturelles, à des groupements de phénomènes d'après leurs ressemblances et leurs dissemblances, par suite à des généralisations.

Cette première et double entreprise d'analyse et de synthèse, menée à bonne fin, nous montre à ce moment, par le seul examen des résultats obtenus, qu'il y a. une filiation logique entre les divers groupes de phénomènes ainsi établis ainsi qu'entre les connaissances qui s'y rapportent : certaines propriétés, telles que les propriétés mathématiques, se retrouvent dans tous les groupes; les propriétés physiques proprement dites, les propriétés chimiques, biologiques, psychiques, sociologiques apparaissent d'une façon de moins en moins générale.

Dès lors, les propriétés qui se rencontrent indistinctement partout, dans toutes les classes des phénomènes naturels, sont par cela même les plus générales, puisqu'elles se manifestent en fait et peuvent se concevoir comme non mélangées avec les autres ; elles sont non seulement les propriétés les plus générales, mais aussi les moins composées, les plus simples.

C'est d'après cette juste observation tirée du degré de généralité et de simplicité décroissantes des groupes des phénomènes naturels que la philosophie naturelle positive put finalement, à dater d'A. Comte, instaurer la classification non pas seulement complète, mais hiérarchique des sciences.

Qu'est-ce maintenant que cette classification hiérarchique des sciences ? C'est la création ou plutôt la découverte d'un ordre naturel dans l'ensemble primitivement incohérent de nos connaissances. C'est la *loi* de nos connaissances. La loi, dans son acception la plus simple, est un rapport de ressemblance ou de dissemblance étendue de deux ou plusieurs phénomènes à la généralité des phénomènes dans la mesure où ces derniers nous sont connus. Si nos observations, notre analyse, nos inductions sont insuffisantes, erronées, incomplètes, la loi le sera dans la même proportion; elle sera tôt ou tard infirmée par une découverte nouvelle, mais, en somme, la méthode: positive d'observation restera le seul instrument de rectification de notre erreur; une observation exacte amendera l'observation et la généralisation consécutive fausses; à une observation mal faite, il n'y a de remède qu'une observation bien faite; la méthode positive trouve en elle-même sa règle, sa discipline.

C'est donc par la généralisation et la classification des inductions particulières que nous parvenons à concevoir et à formuler des lois scientifiques; plus ces lois embrassent un nombre considérable d'inductions, plus elles sont générales; plus ces lois éliminent les propriétés spéciales pour ne tenir compte que des caractères les plus simples et les plus généraux, plus les lois ainsi formulées sont abstraites. Les lois naturelles peuvent donc être abstraites sous deux rapports: soit qu'on les dégage indépendamment des corps particuliers dans lesquels elles se manifestent, soit que dans une classe quelconque de l'ordre hiérarchique des phénomènes et des sciences, on les dégage des propriétés spéciales et complexes de l'ordre auquel elles se rattachent pour les ramener à un ordre plus général et plus simple.

Ainsi l'arpentage, l'astronomie terrestre, la minéralogie, la géologie, la botanique, la zoologie, l'anthropologie, la médecine et la chirurgie, la structure et l'évolution des sociétés particulières sont des sciences concrètes; la géométrie, l'astronomie en général, la physique, la chimie inorganique, la physiologie végétale, la physiologie animale, la physiologie psychique, la sociologie sont des sciences abstraites; celles-ci formulent les lois des phénomènes compris dans leur département, indépendamment des combinaisons concrètes auxquelles ces phénomènes peuvent donner lieu dans le temps et dans l'espace. Ainsi, la physiologie recherche les lois de la vie et de la mort quels que soient les organismes; les lois qu'elle dégage s'appliquent indifféremment à tous les êtres organisés. De même, en sociologie, si nous étudions la structure ce l'évolution d'une société déterminée, la Belgique, par exemple, les généralisations que nous parviendrons à dégager de nos observations relatives à ce pays nous fourniront des lois

Guillaume De Greef

non pas abstraites mais concrètes, en ce sens qu'elles impliqueront les caractères originaux qui font de la Belgique une société en partie différente des autres sociétés; ces lois seront spécialement particulières à notre pays, puisque, dans l'étude des phénomènes sociaux dont nous les aurons tirées, il aura été tenu compte des conditions sociales particulières qui sans doute ne se rencontrent pas également partout ailleurs; la sociologie abstraite, elle, néglige ces conditions particulières.

L'observation et la généralisation des faits concrets ont, du reste, partout et dans tous les temps, précédé la constatation des phénomènes et des apports abstraits; ce processus est naturel; il est commun à l'individu et à la collectivité. L'empirisme le plus grossier a précédé la médecine et la chirurgie et ces dernières à leur tour ont permis à la physiologie de se constituer; de même les biographies, les chroniques locales ont précédé les histoires générales et ces dernières la sociologie abstraite.

Où l'abstraction devient dangereuse et souvent nuisible, c'est lorsque dans l'étude de phénomènes appartenant à un groupe spécial et plus complexe de la série hiérarchique des sciences, elle supprime précisément les propriétés spéciales qui seules justifient la constitution de ce groupe en science particulière indépendante, en vue de ramener l'explication de ces phénomènes spéciaux aux explications fournies par les lois des classes antécédentes de phénomènes plus simples et plus généraux. Ainsi, les phénomènes sociologiques peuvent se ramener à des phénomènes psychiques et physiologiques, ceux-ci à des lois chimiques, lesquelles peuvent être réduites à des lois purement physiques et finalement astronomiques et même simplement numériques et géométriques. Les phénomènes complexes et spéciaux sont en effet toujours convertibles en phénomènes plus simples et plus généraux ; on peut ainsi ramener la science sociale à des principes premiers tels que l'intégration et la désintégration continues de la matière et du mouvement, mais, ce faisant, en réalité, on n'explique rien, on montre simplement que tout est impliqué dans tout. Les phénomènes spéciaux, en un mot, exigent une explication spéciale, tout en s'en référant aux explications plus générales fournies par la série entière des sciences. Ces audacieuses généralisations ont le grave défaut de supprimer les caractères spéciaux des phénomènes pour mieux les expliquer; en réalité, elles suppriment le problème et ne le résolvent pas. Quand, en biologie, on dépasse les éléments anatomiques, on ne fait plus de la biologie, mais de la chimie; de même en sociologie, quand on dépasse les deux agrégats territoire et population en tant qu'agrégats, on tombe dans le domaine des sciences simplement organiques et inorganiques. Ces abstractions ne doivent être utilisées que pour montrer la dépendance nécessaire qui relie les phénomènes les plus spéciaux aux phénomènes généraux, mais elles ne peuvent se substituer aux observations, aux généralisations et aux lois spéciales dont l'exposé est l'œuvre de chaque science particulière. Ni les nombres de Pythagore, ni la gravitation universelle de Carey ne peuvent constituer le summum de l'abstraction et de la généralisation sociologiques; ce n'est pas avancer, mais reculer la solution du problème[1].

Chaque science spéciale dégage des lois également spéciales, bien que dépendantes des lois plus générales des sciences antécédentes; mais on ne peut, sans supprimer par le fait cette science spéciale, la ramener exclusivement à ces dernières; le problème des sciences les plus complexes consiste au contraire surtout à déterminer les propriétés et les lois qui les distinguent des sciences les plus simples.

Tous les rapports imaginables entre les phénomènes quelconques se réduisant en fin de compte à des rapports soit de similitude, soit de différence dans l'espace ou le temps, il faut entendre par *loi*, au sens le plus général, les rapports constants de similitude et de succession qui existent entre les phénomènes de l'univers, inorganiques, organiques et superorganiques ou sociaux.

La réduction de ces lois au moindre nombre possible est la fonction de la généralisation et de l'abstraction. Quand nous rattachons les faits particuliers à une loi générale, nous disons communément

---

1 L'application des théories darwiniennes, essentiellement biologiques, aux phénomènes sociaux est un exemple du danger auquel on s'expose en cherchant à ramener des phénomènes complexes qui ont des lois en partie propres à eux seuls et en partie communes avec les autres sciences uniquement à ce dernier caractère. Les simplificateurs à outrance de cette école en sont naturellement arrivés par ce procédé vicieux à perdre notamment de vue que la lutte sociale pour l'existence n'est pas seulement représentée par un irréductible antagonisme, mais aussi par une coopération naturelle dont l'influence bienfaisante ne fait que croître avec les progrès de la civilisation.

Guillaume De Greef

que cette loi est la *cause* de ces phénomènes particuliers ; c'est là en réalité une expression vicieuse, correspondant à une conception métaphysique et, primitivement même théologique, des rapports qui unissent les phénomènes naturels. Ainsi, l'immense variété des phénomènes astronomiques et de ceux relatifs à la pesanteur des corps en général sont tous compris dans la loi de la gravitation universelle formulée par Newton. Cependant la gravitation n'est pas la cause de la chute des corps ; cette loi exprime seulement le fait général de la tendance constante de tous les corps à se diriger les uns vers les autres, en raison directe de leurs masses et en raison inverse du carré de leurs distances. La cause n'est donc qu'un rapport plus ou moins constant et formulé d'une façon générale. Généraliser des rapports, dégager des lois, voilà les plus hauts sommets scientifiques que l'intelligence humaine peut atteindre; les causes premières et finales, la substance et l'absolu sont incognoscibles.

Les causes ne sont donc que des rapports plus généraux de similitude ou de différence, de coexistence ou de succession auxquels nous rattachons des phénomènes particuliers.

Quand nous étudions les lois relatives à la pesanteur des corps, lois physiques, et à la gravitation des corps célestes, lois astronomiques, indépendamment des corps déterminés où ces lois se manifestent, nous faisons de la physique et de l'astronomie abstraites ; quand, au contraire, nous les étudions dans ces corps, nous faisons de la science concrète.

Le tableau hiérarchique des sciences, dressé par A. Comte, avec les quelques amendements qui n'en détruisent pas les grandes lignes et qu'il convient d'y apporter, nous montre également, par son seul examen, une distinction importante à faire au point de vue de la définition d'une loi. Ce tableau nous indique, en effet, non seulement le rapport général et constant qui existe entre les diverses branches de nos connaissances, mais il nous montre ce rapport général et constant, c'est-à-dire *la loi* des phénomènes scientifiques sous un double aspect: l'un statique, l'autre dynamique. Ceci revient à dire qu'il existe des lois statiques et des lois dynamiques; nous le savions déjà d'une façons générale; le tableau des sciences nous le montre pour des phénomènes d'ordre sociologique relatifs, dans l'espèce, à la vie intellectuelle des hommes en société.

Les lois statiques sont celles qui se rapportent à la structure nécessaire et constante des êtres sociaux à l'état de repos, dans un espace et un moment déterminé, s'il s'agit de lois statiques concrètes, on indéterminés, c'est-à-dire quelconques, s'il s'agit de lois statiques abstraites. Les lois dynamiques sont celles qui, dans les mêmes conditions, se rapportent aux mouvements simultanés, réciproques et surtout successifs des mêmes organismes sociaux.

Le tableau hiérarchique des sciences nous expose d'un côté la structure scientifique invariable et nécessaire des sociétés dans tous les temps, dans toutes les parties de l'espace, la loi statique abstraite de toutes les sciences; de l'autre, l'évolution nécessaire et invariable de cette même structure également dans tous les temps et dans toutes les parties de l'espace, la loi dynamique abstraite de toutes les sciences.

Cette distinction entre la statique et la dynamique, la structure et le fonctionnement, nous paraîtra encore plus claire dans la loi des trois états de Comte, loi qu'il convient du reste de restreindre à l'ordre spécial de phénomènes qu'elle embrasse et de ne pas traduire en loi sociologique universelle, comme l'a tenté hâtivement celui qui l'a formulée. La période théologique, avec ses subdivisions en âge du fétichisme, du polythéisme et du monothéisme, la période métaphysique avec son stade scholastique préparatoire, la période positive ou purement scientifique représentent parfaitement, bien qu'uniquement au point de vue des croyances générales ou philosophiques, d'un côté l'aspect statique et structural nécessaire de toutes les sociétés, de l'autre leur aspect dynamique et évolutif.

C'est dans ces conditions que la philosophie embrassant les lois générales de toute la série des phénomènes naturels, depuis les plus simples et les plus généraux jusqu'aux plus complexes et aux plus spéciaux, en un mot depuis les mathématiques jusqu'aux sciences sociales, constitue ce que Bacon appelait la philosophie première et ce qu'on a appelé depuis soit la philosophie naturelle abstraite, soit la philosophie scientifique ou positive. *La philosophie positive est donc la philosophie générale des sciences*; au point de vue de l'enseignement, il n'en peut exister d'autre; la science ne connais que des phénomènes, des rapports et des lois. Loin de pouvoir imposer leurs concepts, les religions et les métaphysiques sont elles-mêmes des phénomènes, des objets de notre connaissance;

elles n'ont d'importance qu'au point de vue scientifique, c'est-à-dire relatif et, dans l'espèce, social. Leur structure et leur évolution sont, comme nous venons de l'indiquer, soumises elles-mêmes à des lois. C'est dans ce sens que Montesquieu a pu écrire ces paroles profondes: «La Divinité a ses lois.» S'il est ainsi, la Divinité n'est plus l'absolu, elle est réduite à une simple fonction sociale dont nous pouvons suivre les développements depuis les origines jusqu'à sa transformation positive finale.

Ayant défini la philosophie positive en général, nous pouvons de même définir la science qui en est le couronnement: *la Sociologie est la philosophie générale des sciences sociales particulières.*

CHAPITRE III
LES MÉTHODES

Quel que soit le domaine scientifique spécial dont il s'agisse, la loi est un rapport nécessaire entre deux ou plusieurs phénomènes ; c'est un rapport nécessaire qui se reproduit d'une façon constante et invariable quand les conditions où les phénomènes se produisent sont les mêmes, et, d'une façon variable, quand ces conditions varient.

La constatation des phénomènes, de leurs rapports et de leurs lois a une source unique: l'observation; il n'y a pas d'autre méthode scientifique; les procédés de l'observation seuls diffèrent suivant la nature des phénomènes à étudier et les conditions subjectives de notre constitution physiologique et psychique. Les erreurs possibles de la méthode positive ont leur correctif dans la méthode positive même ; elles ne peuvent, en effet, provenir que soit d'une constitution momentanément ou radicalement défectueuse du sujet qui observe ou de l'imperfection des procédés, c'est-à-dire des instruments, soit de rapports erronés supposés entre le sujet et ses instruments d'un côté et les faits observés de l'autre.

Le processus intellectuel est invariable, le point de départ de toute acquisition scientifique, comme de tout raisonnement, est une induction simple et particulière, menée par des intermédiaires successifs, de plus en plus complexes et étendus, jusqu'à des lois ou propositions générales. Toute conclusion raisonnée, toute loi ne trouvent leur preuve que par la vérification de leur conformité avec toutes les inductions et propositions particulières qu'elles embrassent; aucune déduction, même dans les sciences les plus simples, telles que les mathématiques, n'est légitime que sous réserve constante du contrôle de cette conformité. La méthode scientifique est une de sa nature; elle varie seulement dans ses procédés ou instruments d'application. Ceci nécessite quelques explications.

Chaque branche principale de l'arbre encyclopédique des sciences développe l'un des aspects caractéristiques des procédés utilisés par la méthode positive. Plus on s'élève vers les degrés de complexité supérieure de l'échelle scientifique, plus les instruments d'observation deviennent à la fois puissants et d'un maniement délicat et difficile ; leur perfection et leur force sont naturellement en corrélation avec celles des objets soumis à leurs investigations. Si dans les sciences abstraites les plus générales, telles que les mathématiques, la simplicité et la constance supérieures des rapports qui règnent entre les phénomènes a permis, à tort cependant, de supposer que c'étaient des sciences déductives, il ne paraît plus contesté aujourd'hui que cette illusion logique provenait de ce qu'on avait substitué l'effet à la cause; si les mathématiques autorisent si généralement l'emploi des méthodes déductives, c'est que la généralité et la simplicité des relations qui forment leur département étant naturellement mieux connues pour cela même qu'elles sont plus restreintes et moins variables, la prévision scientifique y est plus facile; or, la prévision est une déduction; c'est une conclusion particulière tirée d'observations générales supposées constantes. Dans les mathématiques aussi bien que dans l'astronomie, ces déductions et ces prévisions ne sont devenues possibles que grâce à l'accumulation des observations particulières finalement généralisées; elles y ont été possibles antérieurement aux prévisions et aux déductions dans les autres sciences, parce que ces dernières sont plus complexes, c'est-à-dire qu'il est plus difficile d'y formuler en lois, eu égard aux multiples conditions au sein desquelles leurs phénomènes se manifestent, les rapports invariables et nécessaires d'apparition de ces phénomènes. Il n'y a donc de différence entre les sciences, au point de vue des méthodes, que dans leurs difficultés relatives. Les mathématiques

Guillaume De Greef

et l'astronomie doivent leurs progrès fondamentaux à *l'observation directe:* leurs procédés ont été des procèdes inductifs; la déduction n'y devint possible qu'accessoirement, grâce à l'antériorité naturelle et historique de leur constitution positive. L'observation directe n'en reste pas moins leur méthode propre.

A l'observation directe, les sciences physico-chimiques ajoutent un instrument nouveau rendu nécessaire et devenu possible par suite même des conditions et des variations plus nombreuses, des phénomènes que ces sciences embrassent ; ce procédé qu'elles inaugurent est en rapport avec la nécessité et la possibilité de reproduire artificiellement, dans cet ordre scientifique, les conditions et les variations qui donnent naissance nécessairement aux phénomènes conformément aux conditions et aux variations de leur milieu artificiel. Ce procédé, c'est la *méthode expérimentale ;* celle-ci, en nous montrant, par le fait, que les mêmes conditions produisent invariablement le même phénomène, nous fournit la meilleure démonstration pratique de ce qu'il convient d'entendre par les mots rapport, déterminisme et loi. Le déterminisme, en effet, tant en physique qu'en chimie, signifie qu'en recréant les mêmes conditions on recrée toujours le même phénomène suivant un rapport nécessaire, ou bien, qu'en éliminant certaines de ces conditions ou en ajoutant de nouvelles conditions, on obtient également, suivant un rapport non moins nécessaire et constant, certaines variations correspondantes.

L'histoire le démontre, ce sont les sciences physico-chimiques qui ont introduit et développé l'usage des méthodes expérimentales et, par réaction, ces dernières ont reçu certaines applications en astronomie et en mécanique. C'est en effet un phénomène historique constant en rapport avec le caractère interdépendant de toutes les sciences, que les perfectionnements des instruments de méthode dans les sciences plus complexes profitent par contre-coup aux sciences plus simples, spécialement dans leurs parties extrêmes qui servent de transition avec les sciences plus complexes.

En revanche, chaque science supérieure utilise les procédés des sciences antécédentes : ainsi la physique et la chimie, tout en ayant ce caractère original d'être des sciences expérimentales, ne cessent pas pour cela d'être également des sciences descriptives et d'observation directe. À mesure qu'on gravit l'échelle des sciences, les instruments d'étude s'ajoutent aux instruments, mais les plus puissants et les plus délicats n'excluent pas l'emploi des plus simples, pas plus que les chemin de fer n'ont supprimé les canaux, les routes et les voies naturelles.

Les sciences physiologiques, à leur tour ont été fécondées par l'emploi successif et de plus en plus complet des méthodes précédentes ; c'est l'expérimentation qui a permis au physiologiste, aussi bien qu'au chimiste et au physicien, d'agir sur les phénomènes naturels, sur les organismes vivants, et de les modifier, ce qui n'est possible évidemment qu'en agissant soit sur le milieu ambiant, soit sur le milieu interne de l'organisme, en y déterminant par une mutation des conditions ordinaires une perturbation fonctionnelle et une plus ou moins rapide perturbation ou variation de la structure. Après les belles expériences et les démonstrations de l'illustre et regretté Claude Bernard, il est inutile d'insister sur l'application des procédés d'expérimentations en physiologie. La pratique et la théorie des variations dans les espèces animales, dont les travaux de Darwin sont une application, sont une justification supplémentaire, si c'était nécessaire, de la légitimité de la méthode expérimentale en physiologie.

Un procédé spécial à la science des corps vivants, surtout en ce qui concerne leur structure, c'est la *méthode de comparaison* qui, en biologie, vient s'ajouter à tous les procédés antérieurs: observation directe et expérimentation .A son tour, elle réagit sur le progrès des sciences antérieures. Ce sont les méthodes d'expérimentation et de comparaison qui, depuis un siècle, ont fait réaliser à la biologie et à la physiologie les progrès décisifs qui nous permettent de leur attribuer la dignité de sciences positives au même titre qu'à leurs aînées. Gœthe et Cuvier peuvent être cités comme des exemples à jamais mémorables de l'application de la méthode comparative dans l'étude des êtres vivants et notamment dans la reconstitution des structures appartenant aux périodes préhistoriques. Les considérations qui précèdent suffiraient à elles seules à nous convaincre que tous les procédés dont nous venons de parler, observation directe, expérimentation, comparaison, sont tous également utilisables dans cette branche spéciale de la physiologie qui constitue la science de l'activité et de la structure des phénomènes affectifs, émotionnels et intellectuels. La psychologie ne peut, sans une amputation mortelle, réduire ses instruments de méthode à la seule observation, soit interne, soit externe. Si elle persistait, et heureusement elle y a renoncé, à limiter ses procédés dans ces bornes étroites où la prudence et l'imperfection même de la science l'enfermaient, naturellement peut-être à l'origine, elle exclurait par cela même l'étude des phénomènes psychiques les plus importants et les plus intéressants: la physiologie et la pathologie mentales des enfants, des vieillards, des déments, des délinquants, etc., lui resteraient inaccessibles; il en serait de même de l'étude de toutes les passions humaines où l'observation interne est également impuissante, puisque la première condition de celle-ci est une sérénité absolue dans la personne même de l'agent qui s'observe. Les phénomènes du sommeil et du rêve lui seraient aussi interdits, bien que ce soit surtout dans le rêve que la psychologie subjective se complaise. Quant à l'observation externe, elle ne peut être qu'une description superficielle tout à fait insuffisante pour nous révéler les caractères intimes des phénomènes psychiques, tant au point de vue de la manière dont ils fonctionnent qu'au point de vue des modifications et des troubles qu'ils apportent dans les organes mêmes, pas du tout extérieurs, mais au contraire secrets et intimes, qui sont les agents de ces fonctions. Pareillement, ni l'observation interne, ni l'observation externe, ne sont aptes à mesurer exactement les conditions les plus élémentaires des phénomènes psychiques, telles que leur durée, leur intensité, leurs périodes de croissance et de décroissance, etc.; et, cependant, la perfection de la psychologie, comme celle de toutes les autres sciences, ne peut résulter que de cette transformation de science purement descriptive et qualitative, en science expérimentale et quantitative.

Renfermée dans les limites de l'observation, la psychologie serait certainement restée à l'état stagnant, si elle n'avait pas été renouvelée et vivifiée par la méthode expérimentale au point de vue principalement fonctionnel et, par la méthode de comparaison, au point de vue organique ou structural. On peut affirmer qu'elle doit, à la lettre, son salut et sa rénovation actuels à ce que la biologie et la physiologie lui ont prêté leurs instruments d'exploration et d'expérimentation, dans le sens le plus matériel de ces mots, instruments. Le chronoscope de Darsonval a fait et fera réaliser plus de progrès à la science des phénomènes mentaux que ne l'ont fait depuis des siècles toutes les soi-disant observations externes et internes qui généralement même ne constituaient pas des descriptions exactes.

Ainsi, la psychologie emprunte aux sciences antécédentes tous leurs procédés d'investigation : observation directe, expérimentation, comparaison. En revanche, elle enrichit le laboratoire général d'un instrument qui est son outil original, instrument d'une puissance incomparable, mais d'une délicatesse excessive en rapport étroit avec la puissance et la délicatesse des phénomènes à l'étude desquels il doit être utilisé; cet instrument, c'est la *Logique.*

La psychologie positive comprend dans son domaine la logique ou la science des lois du raisonnement, science que des métaphysiciens pouvaient seuls placer avec les mathématiques parmi les sciences les plus générales et les plus simples. En dehors de la sociologie, la logique est au contraire la plus complexe des sciences ; sa constitution même, encore fort défectueuse, ne pourra se parfaire que grâce aux progrès de la psychologie générale dont elle est une dépendance. Or, il existe, surtout en physiologie et en psychologie, des phénomènes tellement délicats et dont les conditions sont tellement malaisées à reproduire et à réunir, même par les procédés et les instruments les plus perfectionnés, qu'il devient nécessaire d'y suppléer par des procédés intellectuels empruntés à notre constitution cérébrale. Ces instruments véritablement psychiques, mais organisés dans leur structure, permettent, par le raisonnement, de créer hypothétiquement ce milieu artificiel que produit effectivement l'expérimentateur dans les sciences physico-chimiques.

Cette étude n'est pas un traité de Logique; nous devons donc ici nous borner à rappeler ce qui doit être enseigné dans les diverses Facultés dont l'enseignement est préparatoire aux Instituts de Sociologie. Il existe quatre Méthodes expérimentales ou d'induction directe *a posteriori:* 1° la Méthode de Concordance; 2° la Méthode de Différence; la première, plus spéciale, applicable surtout là où l'expérimentation artificielle proprement dite est impossible; elle est en effet alors, comme s'exprime Stuart Mill, «presque toujours la seule ressource directement inductive»

; 3° la Méthode des Résidus, application encore plus spéciale de la Méthode de Différence, et 4° la Méthode des variations concomitantes. Cette dernière reçoit son application la plus large dans tous les cas où les variations des conditions déterminantes du phénomène à produire ou à étudier portent sur la quantité de ces variations; si les variations des conditions du phénomène et celles du phénomène lui-même sont exactement correspondantes, leur rapport, leur loi ou, comme on dit vulgairement, leurs causes, peuvent être exactement établis, sinon ils ne peuvent l'être aussi que partiellement [1].

La méthode expérimentale logique intervient donc là où les autres instruments, soit à cause de la ténuité, soit à cause de la multiplicité et de la complexité des conditions des phénomènes, soit pour tous ces motifs réunis, deviennent inefficaces. Ce n'est pas tout; comme nous l'avons indiqué à propos de tous les procédés antérieurs, les procédés logiques d'expérimentation profitent à leur tour en partie tant aux sciences antécédentes qu'aux sciences subséquentes. C'est ainsi que Stuart Mill observe notamment avec raison la méthode expérimentale de concordance, en tant que méthode purement logique, est applicable aussi bien à l'astronomie qu'à la sociologie.

Les sciences sociales qui, dès l'abord, ont surtout et spécialement scruté les phénomènes de solidarité, de continuité et de succession, dans le temps et l'espace, des phénomènes collectifs, avaient nécessairement besoin d'un instrument encore plus puissant et d'une portée encore plus étendue en correspondance avec la complexité, la grandeur et la durée supérieures des organismes soumis à leur investigation. Cet instrument approprié à ces conditions tout à fait spéciales, elles l'ont trouvé dans la *Méthode historique*, laquelle, appliquée à son tour à toutes les sciences antécédentes, leur a fait réaliser de nouveaux progrès en leur révélant, par la description de leurs accroissements successifs antérieurs, la direction à suivre pour leurs développements futurs. Par l'usage de la méthode historique, notre activité scientifique avait ainsi elle-même conscience qu'elle était une œuvre en réalité impersonnelle et collective, reliée à la structure générale et à la vie d'ensemble

---

1 J.-S. Mill, *Système de logique*, traduction Peisse, 2ᵉ édition, t. I, pp. 425-484;

A. Bain, *Logique déductive et inductive*, traduction Compayré, 2ᵉ édition, t. II, pp. 75-115.

des sociétés dans le passé, le présent et l'avenir. C'est surtout dans la dynamique sociale que la méthode historique produit tous ses avantages; par elle cette partie la plus compliquée de la sociologie pourra sans doute aboutir à constituer une philosophie politique de l'histoire.

Les considérations que nous avons exposées relativement à l'application rétroactive, tout au moins partielle, des méthodes des sciences plus complexes aux sciences antécédentes plus simples et plus générales, doivent nous préparer à admettre qu'à son tour la sociologie peut faire et continuera toujours à faire son profit de toutes les méthodes propres à chacune des sciences dont nous avons indiqué les instruments d'observation; les méthodes logiques, celles de comparaison, d'expérimentation et d'observation directe et indirecte sont donc les auxiliaires naturels et indispensables de la méthode historique, en sociologie; réunies, elles constituent la méthode inductive ou de la découverte scientifique, dont la déduction n'est jamais qu'une dérivation toujours soumise au contrôle permanent de la première.

En définitive, tous les instruments d'induction, depuis l'observation directe jusque et y compris la méthode historique, sont de véritables prolongements artificiels de nos organes et surtout de l'œil, cet organe intellectuel et scientifique par excellence, le plus directement de tous en rapport avec le cerveau.

De même que pour la psychologie, c'est surtout l'utilisation de la méthode expérimentale qui a été contestée en sociologie, même par les partisans les plus convaincus de la science positive. C'est ainsi que J.-S. Mill notamment avance que «dans les sciences ayant pour objet les phénomènes dans lesquels l'expérimentation est impossible, l'astronomie, par exemple, ou n'a qu'une part très réduite, comme dans la physiologie, dans la philosophie mentale et la science sociale, l'induction de l'expérience directe est d'une pratique si fautive qu'elle est généralement à peu près impraticable [1]». M. A. Bain partage la même opinion.

J.-S. Mill atténue toutefois un peu plus loin son appréciation, tout en proclamant, à tort, suivant nous, que «le mode d'investigation qui, par suite de l'inapplicabilité constatée des méthodes directes d'observation et d'expérimentation, reste comme principal

1 *Logique*, t. I, 421.

instrument de la connaissance acquise ou à. acquérir relativement aux conditions et aux lois de réapparition des phénomènes les plus complexes est, au sens le plus général, la méthode déductive», il corrige lui-même cette proposition en apparence absolue et il la contredit en quelque sorte immédiatement en reconnaissant que «le premier pas du procédé déductif est une opération inductive, parce que c'est une induction directe qui doit être la base de tout». Et encore: «Le problème de la méthode déductive consiste à déterminer la loi d'un effet d'après les lois des diverses tendances dont il est le résultat commun. En conséquence, la première condition à remplir est de connaître les lois de ces tendances. *Ce qui suppose une observation* ou une *expérimentation préalable pour chaque cause séparée,* ou une déduction préliminaire dont les prémisses supérieures doivent dériver aussi de l'observation ou de l'expérimentation. Ainsi, s'il s'agit des phénomènes sociaux ou historiques, les prémisses doivent être les lois des causes dont dépendent les phénomènes de cet ordre; ces causes sont les actions des hommes, ainsi que les circonstances extérieures sous l'influence desquelles le genre humain est placé et qui constituent la condition de l'homme sur la terre. La méthode déductive, appliquée aux faits sociaux, doit *donc commencer par rechercher les lois de l'activité humaine* et ces propriétés des choses extérieures par lesquelles sont déterminées les actions des hommes en société. Naturellement quelques-unes de ces vérités générales seront obtenues par l'observation et l'expérience, d'autres par déduction. *Les lois les plus complexes des actions humaines, par exemple, peuvent être déduites des lois plus simples, mais les lois simples ou élémentaires seront toujours et nécessairement déterminées par l'induction directe.*[1]»

Malheureusement les lois simples ne suffisent pas à l'explication des lois plus complexes; cette explication qu'on leur réclame ne peut-être également que simple ainsi que nous croyons l'avoir démontré au commencement de notre étude; donc, même dans les limites tracées par J.-S. Mill, la méthode déductive est subordonnées aux divers procédés de l'induction et toute déduction n'est légitime que si elle est l'application d'une loi générale, simple ou complexe, induite, à un fait particulier compris dans les rapports nécessaires formulés et embrassés par cette loi.

---

1 *Logique*, t. I, 421 et suiv.

Il y a contradiction à dire que la méthode déductive est la méthode des sciences mentales et sociales; elle est au contraire la méthode utilisable surtout après coup, à partir de leur constitution plus ou moins parfaite, dans les sciences les plus simples et les plus générales. Les physiologistes et les psychologistes modernes ont, du reste, démontré par le fait que les procédés inductifs, y compris l'expérimentation, sont et seront encore longtemps, dans ces branches complexes, les instruments véritables de tous nos progrès scientifiques.

En sociologie, en ce qui concerne la méthode expérimentale, il ne faut notamment jamais perdre de vue que si les procédés expérimentaux individuels sont souvent inefficaces, il en existe et il en existera de plus en plus, qui seront de véritables instruments collectifs en rapport avec les expérimentations collectives qu'il convient d'instituer de plus en plus en matière sociale. Le cabinet du savant est, sous ce rapport, devenu depuis longtemps insuffisant; ce qu'il faut, ce sont de vastes laboratoires collectifs, tant nationaux qu'internationaux, consacrés spécialement à dresser des statistiques intelligentes et non incohérentes, comme le sont trop souvent les travaux officiels actuels, et à suivre dans leurs effets les plus éloignés les lois en général et toutes ces mesures beaucoup trop empiriques émané des administrations et des législatures, mesures et lois qui sont en réalité de véritables expériences collectives. Dans ces matières étendues et complexes, l'œil du savant est insuffisant; il faut des instruments et des laboratoires en rapport avec la nature des études. L'histoire en général est au surplus une expérimentation sociale constante. De ce que nous ne sommes pas actuellement suffisamment outillés pour procéder à des expérimentations méthodiques et systématiques, il n'est pas permis de conclure qu'il faille rejeter la méthode expérimentale du domaine sociologique. En somme, si l'individu est incapable d'embrasser toutes les conditions, tous les facteurs d'un phénomène social et surtout de reproduire artificiellement ces conditions et ces phénomènes pour établir le rapport nécessaire et invariable qui existe entre le phénomène et ses conditions, rien n'autorise à préjuger que la puissance collective, supérieurement armée, ne puisse le faire; dans ce cas, en effet, l'agent qui observe et qui expérimente est égal en étendue et en puissance aux objets soumis à ses expériences et à ses observations ; c'est la société qui s'observe et qui expérimente sur elle-même.

Dans un beau livre sur «la Politique expérimentale», M. Donat, tout en ne se rendant pas compte des difficultés théoriques et philosophiques de la question, a exposé d'une façon empirique et approximative la possibilité d'utiliser la méthode expérimentale dans le domaine des arrangements sociaux pratiques. Nous avons également ailleurs proposé des expérimentations de ce genre, notamment en ce qui concerne le problème de la limitation des heures de travail dans les charbonnages et celui de la réorganisation des circonscriptions administratives actuelles par l'application facultative du régime des syndicats avec personnification civile aux communes et aux cantons [1].

Par cela même que la sociologie est la plus complexe de toutes les sciences, sa matière est susceptible d'un nombre considérable de combinaisons, elle est donc, par excellence, une matière plastique, malléable, modifiable et perfectible. Nous pouvons, en agissant sur certains facteurs sociaux, dans des conditions déterminées, surtout sur les facteurs les plus généraux et les plus simples, produire des phénomènes nécessaires, c'est-à-dire en rapport avec des lois observées, expérimentées, et permettant par conséquent la prévision scientifique du phénomène social dont la production ou la reproduction sont recherchées. Ceci constitue la méthode expérimentale proprement dite, avec cette réserve, que dans ses applications aux phénomènes sociologiques, cette méthode est avant tout et doit devenir de plus en plus collective, être l'œuvre raisonnée à la fois des générations passées, présentes et futures. La méthode historique, essentiellement propre à la sociologie, n'est au surplus elle-même qu'une extension collective des procédés expérimentaux; elle est la méthode expérimentale mise en action par les sociétés devenues conscientes de leur activité vitale.

S'il faut donc restreindre la méthode expérimentale, en sociologie, dans des limites raisonnables, s'il n'est pas toujours donné par exemple à un individu isolé, quelque savant qu'il puisse être, d'instaurer lui-même des expériences sociales, il convient cependant d'ajouter qu'il le peut encore, dans une certaine mesure, grâce aux méthodes purement logiques que nous

1 *Réforme*, année 1891, n°s 121, 122, 165 et 166.

avons indiqué ci-dessus. Nous pouvons, en effet, sans recourir à des expérimentations réelles, procéder à des expérimentations essentiellement intellectuelles, c'est-à-dire fictives ou raisonnées, bien que toujours basées sur l'induction. Nous montrerons plus loin, par un exemple emprunté aux rapports nécessaires qui existent entre l'état économique général d'un pays et l'état de sa population, qu'il est possible par la méthode des variations concomitantes, par la méthode d'élimination, par la méthode de différence et celle des résidus, d'utiliser les matériaux fournis par la statistique pour créer des expériences idéales ou artificielles permettant, d'une façon suffisamment certaine, d'aboutir à des prévisions sociales, c'est-à-dire de conclure de certaines conditions déterminées à la production d'un phénomène social également déterminé.

Ainsi, même dans le milieu social et politique actuel, encore bien incohérent et si mal outillé au point de vue des méthodes d'observation et d'expérimentation, une science sociolo-gique suffisante est dès à présent possible, si l'on sait utiliser convenablement les instruments imparfaits des sciences antécédentes à la sociologie. L'empirisme grossier des législateurs et des hommes d'Etat modernes reste donc à tous les points de vue inexcusable ; il existe, en effet, une suffisante coordination de faits sociaux observés et expérimentés pour régler scienti-fiquement nos actes politiques et il est en outre parfaitement à notre portée de suivre toute mesure législative et autre dans ses conséquences, de manière à faire de toute loi, au sens politique, une véritables expérience sociale, la constatation d'une loi dans le sens scientifique de ce terme [1].

Ainsi, en résumé, les sciences sociales empruntent à toutes les autres sciences, dans des proportions diverses, leurs méthodes: aux mathématiques, à la mécanique, à l'astronomie l'observation directe et indirecte avec ses applications déductives, en rapport

---

1 C'est ainsi qu'à la suite des autres sciences, la science sociale transforme insensiblement son enseignement dogmatique *ex cathedra* en un enseignement pratique et expérimental. Autrefois aussi la botanique et la physiologie, par exemple, s'enseignaient d'une façon exclusivement orale ou écrite. Aujourd'hui, en Italie par exemple, des professeurs de criminologie, tels que Lombroso, E. Ferri et d'autres, ont joint à leurs leçons orales des observations dans les Musées d'anthropologie et une véritable clinique criminelle dans les prisons où ils se rendent avec les étudiants des Facultés de droit.

Guillaume De Greef

avec la perfection supérieure de ces sciences, mais toujours sous
le contrôle sévère des modes inductifs de vérification et de preuve;
aux sciences physico-chimiques, la méthode expérimentale; à la
biologie, la méthode de comparaison; à la psychologie tous ses
procédés logiques légitimes; enfin la sociologie se complète elle-
même et perfectionne toutes les autres sciences par la méthode
historique. C'est en utilisant, à l'exclusion de tous autres procédés
subjectifs, dans la mesure du possible, ces instruments de méthode
positive, que dans nos travaux sociologiques antérieurs nous avons
essayé de parfaire, surtout au point de vue de la méthodologie des
sciences sociales, les monuments considérables élevés notamment
par A.. Comte, Quetelet et S.-H.. Spencer; pas plus du reste qu'il
n'est extraordinaire pour un jeune étudiant actuel d'être plus fort
en mathématiques que Newton, pas plus il n'est difficile, après
les défrichements opérés par ces illustres penseurs, d'améliorer
et d'utiliser le domaine ainsi hérité; on peut même, sans avoir du
génie, redresser nombre de leurs erreurs, sans diminuer en rien la
gloire et la reconnaissance qui leur reviennent légitimement. Le
siècle actuel a produit des savants qui ont révolutionné les bases
des sciences spéciales, notamment des sciences organiques, y
compris la psychologie, mais c'est à ces princes de la pensée que
nous devons et la constitution positive de la Sociologie, c'est-à-dire
d'une philosophie des sciences sociales et, par suite, la possibilité
d'une philosophie positive de la série hiérarchique complète de
l'ensemble du savoir humain.

CHAPITRE IV
ANALYSE ET CLASSIFICATION NATURELLE SOCIOLOGIQUES

La méthode positive, avec ses procédés divers, est donc la seule
applicable aux sciences sociales, comme à toutes les autres parties
de nos connaissances; il y a unité de méthode, bien que variété
d'instruments. Le raisonnement déductif en sociologie, comme
ailleurs, n'est donc légitime que si les conclusions particulières
déduites de leurs prémisses générales sont comprises dans ces
prémisses; si on procède à une telle déduction du général au

particulier, *a priori*, la conclusion n'a de valeur que dans la mesure même de la vérification et de l'expérience; sinon, elle reste à l'état d'hypothèse. Si le raisonnement: tous les hommes sont mortels, donc Pierre est mortel, est exact, ce n'est pas parce que les prémisses générales ont pu être observées et vérifiées, nos observations à cet égard sont, en effet, incomplètes, et la conclusion particulière déduite ne constitue qu'une probabilité très forte [1], c'est seulement parce que les phénomènes de vie et de mort se rapportent à des lois physiologiques générales, lesquelles peuvent être considérées comme démontrées.

Dans l'étude des faits sociaux nous devons donc nous garder tout d'abord des purs raisonnements déductifs, quelque rigoureux et séduisants qu'ils paraissent; leurs prémisses ne constituent, en général, que des hypothèses plus ou moins heureuses. Nous avons à faire table rase de toutes les constructions subjectives des réformateurs, quelque bien agencées et attrayantes qu'elles soient. Ces constructions ont cependant elles-mêmes une valeur, mais relative, sociale et objective, en ce sens que, par le fait même de leur apparition spontanée à de certains moments de l'histoire, elles font partie des phénomènes vitaux des sociétés, par conséquent de la science sociale et notamment de l'évolution des croyances et doctrines politiques dont l'étude est une branche de la sociologie générale. Les constructions subjectives ne sont pas la science sociale; elles font partie des matériaux de cette dernière tout aussi bien que les rêves font partie de notre psychologie individuelle. Pour imaginer et construire intellectuellement une société idéale parfaite, il suffirait, dès que l'on renonce aux méthodes positives, d'être un bon romancier; cette création subjective sera, du reste, et avec raison, d'autant plus sympathique au public que l'on prend davantage et même uniquement comme type idéal le contre-pied absolu de la société actuelle; alors on a la presque certitude de proposer, dans tous les cas, un tableau plus agréable que la situation présente. Ces dernières années ont vu éclore un grand nombre de constructions subjectives de ce genre. Elles tiennent à un état psychique réel. A ce point de vue, toute utopie, en dehors de sa minime valeur objective et positive, offre toujours une

---

1 Condorcet, notamment, croyait à la possibilité de la prolongation indéfinie de la vie humaine.

Guillaume De Greef

utilité critique et négative réelle, ne fût-ce qu'au point de vue de la préparation des esprits à l'inévitable et salutaire transformation des formes anciennes. Sous ce rapport, les croyances et les doctrines les moins scientifiques aident cependant au progrès social.

Pour réaliser, d'une façon raisonnée et consciente, des progrès sociologiques, il faut s'en tenir aux méthodes positives; elles suffisent parfaitement à cette mission. La grande erreur d'A. Comte, dans son *Système de politique positive*, provient d'avoir renoncé, sans doute par suite d'une insuffisante élaboration des sciences particulières et notamment de l'économie politique, du droit et de la politique proprement dite, aux procédés inductifs qui sont la condition *sine qua non* de toute généralisation objective. Heureusement la méthode positive suffit à redresser elle-même ces déviations et ces erreurs momentanées.

Les phénomènes sociologiques se présentent tout d'abord à nos observations, comme tous les autres phénomènes naturels, sous leur forme concrète, complexe, comme un agrégat compact d'éléments divers, mais confus et non encore dissociés pour notre intelligence. La première opération consiste à dissocier par l'analyse ces éléments combinés, à les réduire à leurs éléments les plus simples, *irréductibles*. Il faut, en effet, entendre par éléments sociologiques ceux qui, par l'analyse, ne peuvent être ramenés à des constituants plus simples sans empiéter sur le domaine des sciences antécédentes. C'est ainsi qu'en biologie, les éléments les plus simples sont les éléments anatomiques ultimes que l'analyse anatomique parvient à dégager sans pénétrer sur le terrain réservé à la chimie.

Or, l'analyse ou l'anatomie sociologique nous montre comme facteurs les plus généraux et les plus simples, deux éléments irréductibles, le territoire d'un côté, la population de l'autre [1]. Ces deux éléments, tissés de façons diverses, constituent la matière élémentaire de tous les phénomènes sociaux; on ne peut pousser l'analyse sociologique au delà sans tomber dans le domaine des sciences inorganiques et organiques proprement dites.

Cette analyse préliminaire terminée, observons les diverses combinaisons sociologiques auxquelles, dans les sociétés passées ou présentes, le mélange variable de ces éléments a donné lieu.

Prenons, pour ne rien négliger, si nous voulons, la société la plus complexe, c'est-à-dire la plus parfaitement combinée ou organisée contemporaine, de cette manière nous aurons la certitude d'embrasser les combinaisons les plus diverses actuellement observables.

Cette opération nécessite une accumulation énorme de faits particuliers, c'est-à-dire d'observations particulières. Ceci ne fut pas l'œuvre de quelques individualités, quel que fut leur génie, mais l'héritage sans cesse agrandi de la pensée collective depuis ses origines les plus lointaines, œuvre empirique primitivement où les religions d'abord, les métaphysiques ensuite, tentèrent d'établir une certaine coordination malheureusement sans inventaire suffisant. Devant ces trésors accumulés, transmis et accrus d'âge en âge, la méthode sociologique procède laborieusement à un travail de comparaison. Or, toute comparaison aboutit, en dernière analyse, à la constatation soit d'une ressemblance, soit d'une différence, c'est-à-dire d'un rapport ; lorsque ce rapport est envisagé au point de vue du temps, la ressemblance et la différence constituent des rapports de coexistence ou de conséquence.

C'est par l'observation directe, par l'expérimentation, par l'analyse, par la comparaison, par les procédés logiques, par la méthode historique, appliqués aux phénomènes sociologiques que nous parvenons à reconnaître et distinguer les diverses combinaisons auxquelles le territoire et la population peuvent donner lieu.

Ces applications, aussi complètes que possible de la méthode positive, nous ont permis de ramener à un nombre limité de combinaisons sociales les résultats du mélange variable des grands facteurs élémentaires de toute structure sociale; combinaisons économiques, génésiques, artistiques, scientifiques, morales, juridiques et politiques. Toutes ces combinaisons sociales diffèrent les unes des autres par des propriétés ou modalités spéciales, bien que formées des mêmes éléments, territoire et population.

Nos analyses, nos inductions ont ainsi abouti à une première généralisation. Cette généralisation constitue ce qu'on appelle une classification; les classifications naturelles sont toutes, en effet, des généralisations tirées des ressemblances et des différences également naturelles des objets observés et comparés. Moins ces observations, ces comparaisons sont superficielles, plus elles sont profondes et plus elles sont des généralisations ou classifications exactes et complètes, embrassant tous les caractères des choses. Le progrès des classifications, dans toutes les sciences de la Nature, a toujours été des classifications purement subjectives aux classifications objectives et, dans ces dernières, des classifications simplement superficielles aux classifications de plus en plus intimes et organiques des êtres; il en a été ainsi des classifications botaniques et zoologiques; il en a été de même des classifications sociologiques. En démontrant ailleurs que notre classification des phénomènes sociaux correspondait à celle des fonctions et des organes sociaux depuis les plus simples jusqu'aux plus complexes, nous n'avons fait que suivre les progrès réalisés par les autres sciences naturelles [1].

Si cependant ces données fournies par l'application consciencieuse de la méthode positive aux faits sociaux peuvent paraître à certains inexactes ou incomplètes, nous répétons ici l'appel que nous avons adressé à nos lecteurs à l'occasion de chacun de nos ouvrages précédents : si vos observations vous amènent à pouvoir relever des phénomènes sociaux qui ne se rapportent à aucune des sept combinaisons spéciales énumérées ci-dessus, cette constatation ne sera pas un échec pour la méthode positive, mais au contraire une nouvelle victoire que nous nous empresserons d'enregistrer à son actif; elle diffère en cela des religions et des métaphysiques qu'elle se prête à toutes les découvertes scientifiques d'autant plus aisément qu'elle en est toujours elle-même l'instrument.

Dans les diverses combinaisons auxquelles a donné jusqu'ici et continue à donner lieu la contexture sociale élémentaire, nous reconnaissons donc qu'il y a des phénomènes qui se rapportent principalement à la vie nutritive des sociétés, d'autres à leur vie reproductive et affective, d'autres à leur vie émotionnelle et esthétique, d'autres à leur activité intellectuelle proprement dite, un certain nombre à leur conduite et à leurs mœurs, une quantité plus restreinte à leur existence juridique, c'est-à-dire à des cas plus spéciaux où la pure contrainte morale semble insuffisante ; finalement nous distinguons des phénomènes d'une nature tout à fait particulière, relatifs à la direction plus ou moins volontaire des

---

1 Introduction à la Sociologie, deuxième partie : Fonctions et organes.

sociétés, c'est-à-dire politiques.

Quelle a donc été notre troisième opération ? Nous avons placé sous une étiquette commune les phénomènes sociaux qui présentaient les mêmes caractères en en distinguant par d'autres étiquettes ceux qui présentaient des caractères spéciaux. Nous avons ainsi abouti à une première classification ou généralisation simple.

Réduction des agrégats sociaux à leurs facteurs élémentaires, analyse des combinaisons diverses auxquelles ces éléments donnent naissance, classification de ces combinaisons ou phénomènes sociaux suivant leurs caractères communs et spéciaux, à cela cependant ne se bornent pas encore nos opérations méthodiques ; nous pouvons faire un pas de plus. Toujours armés des seuls instruments d'induction, nous avons à rechercher, comme A. Comte l'avait fait pour les sciences en général, si, outre la classification simple des phénomènes sociaux suivant leurs propriétés communes, une classification hiérarchique de ces phénomènes ne correspond pas à leur structure et à leur évolution naturelle. Nous constatons en effet que parmi les diverses classes de phénomènes sociaux dont nous avons noté l'existence, il en existe dont les propriétés sont à la fois plus simples et plus générales les unes que les autres; il en est, en effet, qui se rencontrent également dans tous les cas, un plus petit nombre qui n'apparaissent que dans des circonstances plus restreintes; quelques-unes enfin qui sont limitées à des cas tout à fait spéciaux. S'il en est ainsi, l'ordre de classification simple peut être complété par un ordre de classification sérielle ou hiérarchique. Il y a, en effet, dans la structure et la formation des phénomènes sociaux un ordre de superposition et un ordre de succession absolument comme dans tous les autres phénomènes naturels qui font l'objet des autres sciences. Ce n'est pas tout; comme les propriétés sociologiques sont relatives et des corps supérieurement organisés, cette superposition et cette succession ne constituent pas seulement une série purement logique, mais une structure et une filiation également organiques dont le caractère n'a été méconnu qu'à cause même de la complication plus grande des corps sociaux. Chaque classe spéciale de phénomènes sociaux naît organiquement par voie de filiation ou de différenciation naturelles, de la classe plus simple et plus générale immédiatement antécédente et indirectement de toutes les autres encore plus simples et plus générales.

 Nos recherches ont abouti à reconnaître que les phénomènes économiques sont les plus généraux et les plus simples de la vie collective; la nutrition c'est-à-dire la circulation, la consommation et la production des utilités assimilables, est la condition *sine qua non* de toute existence sociale; elle en est la fonction la plus universelle, la plus constante; il est impossible même de se figurer un fait social quelconque sans le soutènement de certaines formes économiques. Supprimez la vie économique des sociétés, tout s'écroule: vie affective ou familiale, vie artistique, vie intellectuelle, vie morale, le droit même n'a plus de raison d'être et la direction politique collective devient sans force et sans objet. Nous avons exposé ailleurs l'ordre hiérarchique naturel des phénomènes sociaux suivant leur spécialité et leur complexité croissantes [1]. Nous pouvons donc maintenant, complétant l'œuvre d'A. Comte, grâce à l'utilisation des méthodes positives par lui malheureusement délaissées en partie en sociologie, établir comme suit le tableau hiérarchique intégral de toutes les sciences abstraites, depuis les plus simples et les plus générales jusqu'aux plus complexes et aux plus spéciales :

Tableau hiérarchique des sciences abstraites :

1. Mathématiques: calcul, géométrie, mécanique statique et dynamique.

2. Astronomie rationnelle ou abstraite.

3. Physique.

4. Chimie: *a*) inorganique; *b*) organique.

5. Physiologie: *a*) végétale; *b*) animale.

6. Psychologie et Logique.

7. Économique.

8. Génétique.

9. Esthétique.

---

1 Pour les développements relatifs à la classification hiérarchique des phénomènes sociaux, lire l'*Introduction à la Sociologie.*

10.   Croyances: *a*) religieuses; *b*) métaphysiques; *c*) positives.

11.   Éthique.

12.   **A.** Droit: *a*) procédure; droit pénal; *b*) droit civil économique; *c*) droit personnel et familial; *d*) droit artistique, moral et philosophique; *e*) droit administratif - interne et international.

B. Droit public: *a*) interne; *b*) international.

13.   Politique: *a*) représentant; *b*) délibération; *c*) exécution - interne et internationales.

Ce tableau hiérarchique des sciences se distingue radicalement de ceux de Bacon et de d'Alembert, en ce qu'il correspond à la constitution objective de nos connaissances et non plus à un groupement plus ou moins fantaisiste, c'est-à-dire subjectif, des facultés de l'homme. Il diffère par les mêmes caractères de celui d'A. Comte, et en outre par l'importance la plus grande accordée à la physiologie psychique et en ce que la logique y trouve sa place véritable comme dépendance directe de la psychologie ; notre innovation principale, bien que déjà préparée vaguement par les insuffisantes intrications d'un grand nombre d'écrivains qui généralement divisaient les sciences sociales en sciences économiques, morales et politiques, comprenant même parfois la science économique dans les sciences politiques, consiste dans une analyse et une classification sérielle plus complète et plus précise des divers phénomènes sociologiques et des sciences correspondantes.

Le tableau ci-dessus nous expose dans leurs relations mutuelles les diverses parties de la structure scientifique; il nous montre que non seulement dans les sciences physiques et naturelles proprement dites, mais aussi dans les sciences sociales, il existe un ordre nécessaire, naturel, constant; il y a, en un mot, une loi à la fois statique et dynamique de toutes nos connaissances. De même que nous l'avons vu pour les autres sciences, cette loi est à la fois, bien que dans des proportions variables, aussi bien une loi logique qu'une loi dogmatique et historique. L'évolution des sciences en général est déjà par elle-même un phénomène sociologique; à plus forte raison en est-il ainsi de l'évolution des sciences sociales. La loi essentiellement logique de leur structure et de leur activité doit donc être, en ce qui les concerne, complétée et rectifiée en partie par cette autre loi que manifestent déjà les sciences antécédentes. Les sciences et les phénomènes sociaux, surtout à un point avancé de leur développement nous montrent encore mieux que toutes les autres sciences l'interdépendance de leurs divers organes et la simultanéité de leurs progrès. La filiation naturelle et historique, bien que continuant, d'une façon générale, à y être conforme à la série logique, se complique en sociologie, plus encore qu'en biologie, par le fait que les fonctions et les organes sociaux forment une partie d'une structure d'ensemble; chacun des organes agit sur les autres et tous, par conséquent, évoluent, sinon du même pas et sur le même rang, dans tous les cas concurremment, comme les individualités d'une subdivision militaire ou corporative quelconque, en exercice.

Les conditions et les lois qui président au développement historique des sciences sociales sont donc déjà quelque chose de plus compliqué que les conditions et les lois de leur structure purement logique. Les lois dogmatiques des sciences sociales c'est-à-dire celles qu'il faut observer dans leur enseignement doivent, plus encore que les lois dogmatiques des sciences plus simples, tenir compte et de leur caractère superorganique interdépendant et de leur simultanéité historique relative. Les sciences sociales les plus générales seront donc toujours enseignées avant les plus spéciales, mais, dans l'application, cette nécessité logique sera mise en rapport avec la loi historique qui, non seulement domine la constitution effective des sciences sociales, mais régit la formation et la filiation naturelles des fonctions et des organes sociaux. Ainsi, les sciences sociales, dans leurs généralités d'abord, dans leurs particularités ensuite, peuvent et doivent être l'objet de cours à tous les degrés de l'enseignement, mais partout et à. tous les degrés égaleraient, il conviendra de ne jamais perdre de vue et de l'aire bien perpétrer dans les intelligences qu'aucune des sciences sociales ne se suffit à elle-même, que toutes en définitive trouvent seulement leur justification et leur explication complètes dans leur agencement organique, dans leurs réactions réciproques; de la même manière, l'homme individuel n'a de valeur que comme membre de la société, comme unité d'une fonction sociale nécessaire à la vie de l'ensemble. Certes, on peut dans les sciences sociales, comme dans les autres sciences, se consacrer de préférence à l'étude d'une branche spéciale, mais, comme ailleurs, cette spécialisation, si elle était absolue et exclusive, conduirait à la destruction de la science même et à l'abrutissement du savant, si elle n'était continuellement vivifiée par la considération supérieure du vaste ensemble sociologique dont chaque science sociale n'est qu'un fragment. S'il en était autrement, le particularisme scientifique produirait les mêmes résultats néfastes que l'extrême divisions du travail manuel; l'ouvrier, simple rouage inconscient de l'atelier. et de l'usine, n'ayant aucune connaissance des relations de sa fonction avec l'ensemble de l'industrie, en arrive inévitablement, par son abêtissement, à devenir un coopérateur détestable, même dans sa spécialité. La coordination des fonctions et des organes est le caractère essentiel de toute structure sociale; cette coordination objective doit avoir son équivalent dans l'intelligence de toutes les unités humaines qui concourront à l'activité de ces fonctions et à la formation de ces organes.

Le grand service que rend déjà et que rendra de plus en plus la sociologie, c'est-à-dire la philosophie positive des sciences sociales, sera de faire toujours prédominer, non seulement dans l'enseignement, mais dans la vie pratique, le lien connectif qui unit les membres de la même humanité aussi bien les uns vis-à-vis des autres, y compris leurs ancêtres et leurs successeurs, que vis-à-vis de l'ensemble des phénomènes naturels. Tant que l'économie politique a eu la prétention de se suffire à elle-même, elle n'a pas été une science sociale : dans cet état fragmentaire et informe, où elle ne parvenait pas même à se définir, elle devait nécessairement méconnaître l'action sur la vie nutritive des sociétés de toutes les autres fonctions collectives; elle devait sacrifier à ses formules arides nos besoins affectifs et familiaux, déprimer nos aspirations artistiques, violer continuellement les données des autres sciences, notamment de la physiologie et de la psychologie, dénaturer et abaisser nos mœurs et la morale de la manière la plus choquante, en nivelant notre dignité aux seules et égoïstes préoccupations d'un industrialisme à outrance, mettre en péril tous les progrès du droit en livrant l'humanité à tous les assauts d'une concurrence illimitée érigée en système et en loi, et finalement aboutir en politique à une simple négation de toute intervention de la volonté collective, c'est-à-dire à la suppression de tout direction collective coordonnée et consciente, en somme, à la destruction du corps social et spécialement de ses organes les plus élevés, de ses régulateurs par excellence analogues à l'organisme cérébral, c'est-à-dire les organes régulateurs politiques.

La sociologie nous rappelle constamment, au contraire, que toutes les sciences sociales sont organiquement et fonctionnellement interdépendantes et que les lois des sciences les plus complexes et les plus spéciales ont précisément pour mission de faciliter et de régulariser de plus en plus, par l'intervention systématique de la conscience collective, l'action des phénomènes sociaux plus généraux et plus simples tels que ceux relatifs à notre vie de nutrition. Les sciences sociales sont interdépendantes parce que les phénomènes sociaux et, par constituent, la structure sociale, le sont également.

Les organes des phénomènes sociaux supérieurs servent de régulateurs aux organes des phénomènes sociaux inférieurs, lesquels sont eux-mêmes les pouvoirs régulateurs sociaux des phénomènes physiologiques et psychiques des unités humaines dont l'agrégat forme la masse sociale. Les phénomènes sociaux supérieurs sont donc toujours, de leur côté, conditionnés par les phénomènes inférieurs plus simples et plus généraux. Ainsi, si, dans l'organisation des rapports génésiques, c'est-à-dire sexuels, familiaux ou relatifs à la populations en général, vous négligez de tenir compte des nécessités économiques, des données et des lois psychiques et physiologiques, les lois politiques les mieux intentionnées seront impuissantes à reconstituer l'ordre dans les familles et à relever le niveau de la natalité encore beaucoup plus que si vous ne tenez pas compte, dans cette législation des besoins esthétiques, moraux, scientifiques et juridiques plus élevés des membres du groupe social. Les organes sociaux supérieurs ont surtout pour missions de parfaire et de régulariser le fonctionnement des organes sociaux les plus généraux, les plus simples; ceux-ci de leur côté doivent se soumettre servilement aux lois dégagées par toutes les sciences plus générales et plus simples que les sciences sociales, donc par la psychologie, la physiologie et les autres sciences antécédentes.

Que voulez-vous que soit au point de vue politique, au point de vue du droit, de la morale, de la culture scientifique et artistique, de la vertu et de la dignité domestiques, une famille où le père, la mère et même les enfants sont, par le fait de notre organisation ou plutôt de notre désorganisation industrielle, condamnés à ne se voir pour ainsi dire jamais, à vivre dans la promiscuité dans un taudis infect, où l'enfant est arraché à l'école trop tôt, où la femme est détournée du ménage et de sa fonction éducatrice, où le père est enlevé à tout et à tous pendant les trois quarts de la journée, n'ayant plus d'autre besoin en rentrant de l'ouvrage que celui de manger, de boire et de dormir, sans la moindre préoccupation morale ni intellectuelle, il n'en a pas le loisir, ni sans autre excitation idéale que celle que peut procurer l'alcool ?

Donc, subordination des fonctions sociales les plus hautes vis-à-vis des fonctions sociales les plus simples et les plus générales, de celles notamment relatives à la vie économique. Nécessité également de subordonner notre organisation économique aux conditions plus générales et plus simples encore de notre constitution psychique et biologique et de toute la nature organique et inorganique. Aucune organisation industrielle véritablement sociale et stable n'est possible si au point de vue de la durée du travail elle ne commence par respecter les lois physiologiques et psychiques impératives d'après lesquelles toute dépense physiologique a besoin de se réparer; tout effort, au delà d'une certaine limite, tend à se ralentir, à s'affaiblir, toute attention (phénomène psychique) diminue et finalement même est distraite, puis abolie entièrement. Ainsi la première législation à réclamer, en ce qui concerne les accidents du travail, est une législation qui limite la durée du travail en tentant compte des impératifs catégoriques de la physiologie et de la psychologie. Cette législation elle-même nécessite à son tour pour correspondre à la variété considérable des conditions du travail manuel, une refonte et une extension du système représentatif à tous les degrés, dans toutes les catégories d'intérêts, une loi uniforme et générale ne pouvant également déterminer que d'une façon uniforme et générale des limites à la durée du travail, limites essentiellement variables suivant les métiers. Pour mieux préciser, les agents ou représentants généraux de la collectivité nationale ou internationale ne sont compétents que pour fixer la durée maximale de la journée normale de travail; aux représentants spéciaux de chaque profession appartient de débattre, de fixer ou de modifier, suivant les circonstances, la durée de cette même journée de travail, dans chaque profession; la représentation centrale ne serait compétente que si elle en arrivait à être elle-même la synthèse représentative exacte de tous les intérêts particuliers [1].

L'exemple ci-dessus nous montre comment d'un côté les phénomènes sociaux les plus complexes dépendent de ceux qui sont plus simples, et, d'un autre côté, comment les organes régulateurs de ceux-là interviennent à leur tour pour perfectionner l'organisation et le fonctionnement de ceux-ci; il nous démontre que si le progrès social dépend avant tout des réformes économiques, ces dernières exigent l'extension et le perfectionnement de notre système représentatif, délibérant et même exécutif, en un mot de notre organisation politique.

Ainsi, non seulement les faits sociaux sont interdépendants, mais les sciences sociales dont ils sont le domaine le sont également. De même que la Politique sans le Droit enfante nécessairement le despotisme, de même que le Droit, sans la morale dont il est une dérivation, est un sépulcre blanchi, de même que la Morale non éclairée par la Science est aveugle, de même que la Science séparée de ses utilités artistiques et pratiques dégénérerait en un pédantisme chinois, de même que l'art pour l'art finit en dévergondage, de même que la famille est impossible sans les conditions économiques qui doivent en assurer la dignité et l'existence, de même qu'enfin ces conditions économiques ne peuvent impunément violer les lois inorganiques et organiques de la nature, de même dans l'enseignement des sciences sociales, chacune des branches fait partie d'un tronc commun, d'un arbre puissant et vénérable dont une sève commune parcourt et vivifie toutes les parties; séparez ces branches, taillez et coupez ce tronc, vous n'avez plus que du bois mort, bon tout au plus, comme beaucoup de branches de notre enseignement, à faire des fagots et à mettre au feu.

Ainsi, par elle-même, la description de la structure et de l'évolution logiques, historiques et dogmatiques des sciences en général et des sciences sociales en particulier, nous démontre, en dehors même de l'étude des phénomènes que ces sciences ont pour objet, qu'il

---

1 *Le Régime représentatif,* par G. de Greef. Bruxelles, 1893. Office de publicité.

existe des lois tant statiques que dynamiques qui, sous ce triple aspect, président à cette structure et à cette évolution.

Tout phénomène social est donc nécessairement déterminé, dans sa forme et dans son activité, par les conditions dans lesquelles il se produit; toutes les conditions étant identiques ou égales, le même phénomène se produira toujours d'une façon invariable; toutes les conditions ou quelques-unes des conditions venant à se modifier, le phénomène se produira d'une façon variable en tout ou en partie.

Ici se présente une observation, d'une importance capitale pour la sociologie: les conditions les plus générales au milieu desquelles se produisent les phénomènes sociologiques sont les facteurs inorganiques et organiques; ce sont eux qui déterminent la structure et la dynamique des Sociétés d'une façon générale; ils ébauchent les corps sociaux dont les agents spéciaux achèveront en détail la physionomie et l'allure. Ces facteurs inorganiques et organiques, nous les avons compris sous la dénomination de: Territoire et Population; ils sont les plus constants et les moins variables. En somme, les conditions mathématiques, mécaniques, astronomiques, physiques, chimiques, biologiques et psychiques qui déterminent la structure et l'évolution des diverses parties de l'humanité, sur les divers points de notre globe, sont, sinon absolument identiques, dans tous les cas resserrées dans des limites de variation assez étroites ; les oscillations de la vie tant individuelle que sociale s'écartent fort peu de la moyenne des conditions générales et, plus elles s'en éloignent, plus les phénomènes vitaux et sociaux deviennent rares à mesure qu'ils se rapprochent d'un point d'écartement où ils disparaissent tout à fait. Si, comme l'a fait Quetelet, on établit le tableau de quelques-unes de ces conditions générales inorganiques ou organiques, si par exemple on dresse le tableau de la moyenne de la taille humaine ou de la capacité cranienne, ou de la moyenne des climats, etc., on reconnaît immédiatement que l'espèce humaine, dans sa masse la plus considérable, se rapproche de ces moyennes et que plus elle s'en éloigne plus ces écarts ou variations sont rares et deviennent des cas isolés; passé certaines limites, on ne rencontre plus que ce qu'on appelle des anomalies et des monstruosités et, au delà, plus rien. Ainsi, au point de vue du climat, au-dessous d'un certain nombre de degrés, l'humanité n'est plus possible, les conditions de viabilité pour les unités composantes de cette humanité n'existant plus; l'adaptation aux conditions les plus générales et les plus simples de la nature est la première loi de toute existence, l'adaptation aux conditions spéciales et les variations correspondantes constituent un progrès consécutif et accessoire.

Il résulte de cette constatation un premier fait, une première loi, c'est que les facteurs généraux déterminants de toutes les sociétés sans exception étant, dans leurs rapports avec celles-ci, plus constants que variables, plus permanents qu'intermittents et accidentels, la structure et l'évolution de toutes les sociétés, c'est-à-dire les phénomènes sociaux dont l'apparition est déterminée par ces facteurs, auront également une tendance générale, constante et permanente à se produire sous des formes et dans une directions identiques, homogènes. En un mot, l'unité de l'espèce humaine que les légendes religieuses et les hypothèses métaphysiques déduisaient de notre commune origine divine ou d'une cause ordonnatrice intelligente est directement déterminée par des conditions exclusivement naturelles, sans la moindre intervention mystérieuse: l'unité des conditions les plus générales de notre milieu physique et de notre structure biologique, explique notre unité collective; les diverses sociétés passées et présentes ne sont que des variétés d'un type primitif homogène; les sociétés ne constituent pas des espèces immuables différentes; leurs variations continueront sans doute à s'effectuer suivant des lois régulières dans l'avenir comme pendant les siècles écoulés.

Ceci vient confirmer ce phénomène sociologique considérable que nous avons observé dans nos études antérieures, relativement surtout aux sociétés politiques les moins avancées et les moins complexes: la ressemblance générale, à tous les points de vue, économique, familial, religieux, moral, juridique et politique de toutes les sociétés rudimentaires, sans distinction, sans que cette ressemblance entre elles provienne de la moindre influence réciproque; toutes ces sociétés, tant celles qui sont restées dans leur état rudimentaire, que celles qui ont disparu et que celles qui ont dépassé ces stades primitifs, ont eu la même structure générale, ont agi, c'est-à-dire vécu, senti, pensé, réglé leur conduite et dirigé leur politique d'une façon uniforme, à part des variations accessoires limitées à la mesure des variations également accessoires de leur milieu physique et biologique. En somme, les variations sociales ne parviennent jamais et l'emporter sur l'unité fondamentale naturelle à l'espèce humaine.

Les considérations précédentes, d'abord celles relatives à la structure et à l'évolution des sciences, puis celles relatives à la structure et à l'évolution générales des sociétés, nous prouvent ainsi, dès l'abord, que des lois générales, des rapports nécessaires, régissent les phénomènes sociaux au même titre que tous les phénomènes naturels; ces rapports et ces lois sont seulement plus difficiles à reconnaître eu égard à la complexité supérieure des faits sociaux.

Aucun phénomène n'apparaît au hasard; ce que nous appelons de ce nom n'est que la mesure de notre ignorance; le jeu même a ses lois; il y a une théorie et un calcul des probabilités; les sociétés ont leurs lois. Parmi ces dernières, les lois de la nature inorganique et organique ont été, sont encore et resteront toujours la première Providence de l'humanité, le génie alimentaire, la fée généralise ou non, peu importe, qui la dota de ses propriétés nocives et bienfaisantes. Ces lois, les plus générales et les plus simples, sont aussi les moins modifiables par notre propre intervention ; elles nous dominent par leur généralité et leur simplicité mêmes; elles ont imposé aux sociétés l'uniformité de leur irrésistible empreinte; s'adapter à ces lois fut la première et la plus urgente de toutes les nécessités; là où cette adaptation fit défaut, la mort sociale fut inévitable.

Personne ne met actuellement en doute l'existence des lois mathématiques, physiques, chimiques, physiologiques; mais le déterminisme admis dans toutes ces sciences, on prétend le rejeter du domaine des sciences sociales. Contradiction étrange cependant; ceux-là même que l'idée des lois sociales offusque, sont précisément aussi ceux qui introduisent la Providence, c'est-à-dire la prévoyance, la prévision dans l'histoire. Or, qui dit prévision, dit science et il n'y a pas de science, ni de prévision, ni de prévoyance s'il n'y a pas de lois. Admettre une Providence, c'est donc ou reconnaître des lois sociales, des rapports nécessaires entre les phénomènes sociaux, une science sociale, ou affirmer que ces lois ne sont que des ordres, des commandements arbitraires émanés d'une autorité supérieure, absolue et inconditionnée, et par conséquent non susceptibles d'être humainement prévus, en un mot, au-dessus et en dehors de la science. Malheureusement pour ses adeptes, dans la théorie providentielle il faut aller jusqu'au bout; s'il n'y a pas de lois et de sciences sociales, c'est qu'il n'y a pas non plus de lois et de sciences inorganiques et organiques, car si on admet ces dernières, on reconnaît par cela même que les sociétés ont des lois, les plus simples et les plus générales, il est vrai, mais par cela même les plus importantes. Entre la science intégrale et la Providence intégrale, entre l'ordre universel nécessaire et l'ordre universel arbitraire ou le désordre, il faut donc choisir, il n'y a pas de milieu. La Providence sociale, c'est la science sociale.

CHAPITRE V
LOIS SOCIOLOGIQUES ÉLÉMENTAIRES

Pour prouver qu'il y a des lois sociales naturelles et nécessaires, il nous a suffi de démontrer que la structure de nos connaissances en général et leur évolution sont soumises à des rapports invariables et nécessaires et ensuite que le milieu inorganique et organique par lui-même, crée avec le milieu social des rapports également invariables et nécessaires. Faisons maintenant un pas de plus ; prouvons, par des exemples empruntés aux diverses classes de phénomènes sociaux, qu'il y a des lois sociales et que ces lois spéciales peuvent être dégagées au moyen des diverses méthodes inductives et notamment au moyen des procédés d'expérimentation indiqués antérieurement.

EXEMPLE D'UNE LOI ÉCONOMIQUE

Supposons que le problème à résoudre soit de démontrer qu'un phénomène social, de la classe des phénomènes économiques, se rapportant spécialement à la circulation, se produit suivant des rapports nécessaires avec les conditions où il apparaît, en d'autres termes, suivant des lois.

L'expérience nous démontre que le transport d'une matière

quelconque nécessite toujours une dépense ou un effort de tirage.

Abstraction faite de la nature du véhicule et de la voie, l'économie du transport se mesure par le rapport du poids mort au poids utile. Le progrès est donc, avec un véhicule du poids mort le plus faible, de transporter la charge utile la plus grande.

Voilà donc une loi; c'est un rapport nécessaire; elle est générale au point de vue circulatoire; en effet, quelles que soient les conditions où se fait le tirage, ce tirage nécessite un effort, une dépense dont la mesure est en raison directe du poids mort .

C'est en même temps une loi statique parce qu'elle nous montre les conditions du phénomène à l'état de repos et une loi abstraite, parce qu'elle est indépendante de la nature spéciale des objets circulants et des résistances qui font obstacle à leur déplacement.

Veut-on considérer le phénomène au point de vue dynamique et concret ? Alors intervient l'état du véhicule et de la voie; celui-ci détermine le coefficient, c'est-à-dire le rapport entre l'effort de tirage et l'ensemble de la charge à déplacer, poids mort et poids utile. Ce coefficient augmente suivant les résistances que doit vaincre la roue, ou tout autre agent pour avancer.

Le transport d'un fardeau sur une voiture, sur le sol naturel exige un effort égal au quart ou au cinquième du poids total mis en mouvement. Cet effort constitue donc le rapport entre le poids total et le poids mort.

Sur une bonne route empierrée, ce rapport n'est plus que de 0,080 à 0,030.

Sur des madriers en chêne, ce rapport n'est plus que de 0,022.

Sur des rails, ce rapport n'est plus que de 0,005 à 0,û03.

Sur des canaux, ce rapport n'est plus que de 0,030 à 0,001[1].

1Ch. Laboulaye. Dictionnaire des Arts et Manufactures. V. Chemins de fer. - P.-J. Proudhon. Des réformes à opérer dans l'exploitation des Chemins de fer.

D'après Ruhlmann, l'effort de tirage nécessaire pour mettre en mouvement une charge P sur essieu, est une fraction K de P, c'est-à-dire $F = KP$.

K, coefficient de tirage, diminue avec la résistance.

Pour un mauvais empierrement .... $K = 0,070$

Sur une bonne voie empierrée .... $K = 0,030$

Sur pavé .... $K = 0,018$

Guillaume De Greef

Ces données qui sont des constatations acquises particulièrement par l'observation et l'expérimentation directes ainsi que par voie de comparaison, se rapportent aux phénomènes les plus simples de la circulation économique, à tel point qu'on peut les considérer comme de simples phénomènes mécaniques; ils suffisent déjà cependant pour nous montrer ce que c'est qu'une loi dynamique en général, et une loi dynamique concrète par opposition à cette même loi abstraite. En effet, l'exemple ci-dessus nous indique les variations que subit le phénomène, effort de tirage, suivant les variations des conditions où il se produit. Nous pouvons notamment en dégager la loi dynamique abstraite et progressive suivante : Le progrès dans la circulation s'opère dans le sens de la réduction du rapport entre le poids total et le poids mort, c'est-à-dire de l'effort de tirage.

Si maintenant, au lieu de formuler cette loi d'une façon abstraite, nous la formulons en spécifiant les corps particuliers qui sont les conditions déterminantes du phénomène : un fardeau d'une certaine espèce, une voiture d'un certain genre, une route ou des rails et des canaux, si en un mot nous incorporons les conditions du phénomène lui-même dans des objets spécifiés, la loi dégagée ne sera plus abstraite, mais concrète.

Nous avons exposé ailleurs que ces mêmes lois, statiques et dynamiques relatives à la circulation en général, s'appliquent également à la circulation économique proprement dite.

Sur rail ....K = 0,005

Mathématiquement et pour tenir compte de toutes les conditions variables du roulement, la formule établie par Ruhlmann contient les notions suivantes:

P, poids reposant sur une roue;

K, coefficient de résistance au roulement;

Q, poids de la roue;

R, rayon de la roue;

F, coefficient du frottement de la fusée;

RF, rayon de la fusée;

Sur un rail, c'est-à-dire sur une route de nature parfaite, $\dfrac{K(P+2)}{r}$ devient négligeable.

Dans la transmission des offres et demandes de marchandises, dans l'intervention des signes fiduciaires des échanges et dans la circulation de ces signes, il y a toujours un rapport entre la marchandise totale transportée, l'offre et la demande transmises, la monnaie circulante et l'agent de ce transport, de cette transmission et de cette circulation. Ce rapport dans l'espèce est représenté par. les frais d'expédition et de commission, par le coût de l'instrument monétaire, par l'usure, par l'intérêt. Loi statique aussi certaine, rapport aussi nécessaire que dans le premier exemple de circulation simple donné plus haut. Même loi dynamique, abstraite ou concrète, suivant qu'on la formule pour une société particulière ou pour toutes les civilisations quelconques: partout et toujours le progrès de la circulation économique s'opère dans le sens de la substitution d'une marchandise spéciale comme monnaie, à toutes les marchandises, de la monnaie métallique à la monnaie marchandise, d'une monnaie métallique avec empreinte conventionnelle à la monnaie métallique pesée, du billet de banque à la monnaie métallique, du paiement par simple virement ou compensation au billet de banque.

Dans ces cas, plus complexes que notre premier exemple, de circulation économique, la loi dynamique est toujours: Le progrès s'opère dans le sens de la réductions du poids mort, de l'effort de tirage, des frais de circulation, de l'intérêt, de l'usure.

Il convient cependant de signaler cette restriction importante en sociologie. C'est que l'intervention et l'usage des agents ou organes perfectionnés nouveaux n'exclut pas nécessairement ni immédiatement l'emploi et la conservation des procédés anciens. Ainsi, les chemins de fer n'ont supprimé ni les routes ni les canaux, les clearing-houses n'ont pas chassé le billet de banque, lequel fonctionne à côté de la monnaie métallique, qui, à son tour, n'a pas complètement supprimé la monnaie-marchandise. En ce qui concerne les clearing-houses, ils sont le plus remarquable exemple de la réduction extraordinaire que peuvent atteindre, dans une société munie de cet instrument supérieur de la circulation, les frais de transmission des signes fiduciaires des échanges. On sait que tout le système des clearing-houses est basé sur la constatation de cette loi, que dans toute société particulière aussi bien que dans l'humanité en général, la valeur des achats est toujours égale à la valeur des ventes ; tous les comptes pourraient donc y être réglés par des écritures au grand livre social, de telle sorte que la balance des opérations serait la constatation d'un chiffre de ventes égal à celui des achats. Il s'opère ainsi au clearing-house de Londres pour plusieurs milliards de francs de payements par semaine sans bourse délier, moyennant des frais minimes d'écritures et de comptabilité [1].

Il est inutile, sans doute, de signaler le haut intérêt social et scientifique qui est attaché à la constatation des rapports nécessaires, c'est-à-dire des lois tant statiques que dynamiques qui régissent les phénomènes sociologiques. La constatation de ces rapports est notamment le mètre infaillible qui nous permet de mesurer si une civilisation particulière est avancée ou arriérée, si une mesure proposée législativement ou autrement est réactionnaire, conservatrice ou progressive. Nous pouvons, en effet, appliquer le mètre ci-dessus à chaque nation successivement: toutes autres conditions égales, la nation la plus civilisée sera celle où le rapport du poids mort au poids total, celui de l'usure à la circulation fiduciaire seront les moins élevés. Toute mesure ayant cette tendance à la réduction du quantum de ce rapport sera un progrès, toute mesure tendant à l'aggravation de ce quantum sera un recul.

EXEMPLES DE LOIS GÉNÉSIQUES

A. NAISSANCE ILLÉGITIMES

Il existe des rapports nécessaires entre le chiffre des naissances illégitimes dans un pays quelconque et les autres conditions sociales de ce pays, notamment sa situation économique et tout particulièrement le taux des salaires; les variations de ces conditions correspondent à des variations dans la cohérence des liens familiaux. Toutes autres conditions égales, le pays le plus civilisé sera celui où les liens sociaux mesurés par le rapport entre

---

1 Semaine du 26 novembre au 2 décembre 1891: 149,583,000 livres sterling. Les Etats-Unis, l'Angleterre, la France, l'Autriche, l'Italie et l'Allemagne se sont successivement assimilé cette institution; la Belgique, ici encore, retarde.

le chiffre des naissances en général seront les plus cohérents.

Les procédés à l'aide desquels nous allons sommairement ici essayer de dégager cette loi sont une application pratique des procédés que nous avons signalés comme étant ceux de la méthode logique dite inductive et expérimentale en ce sens que les expériences faites résultent des constatations de la statistique et de l'histoire. Nous allons utiliser les quatre procédés de méthode expérimentale dont nous avons parlé plus haut et dont l'usage devrait être rendu familier par le cours de logique qui est compris dans le programme officiel des universités. Ces quatre méthodes de recherche expérimentale sont, comme nous l'avons indiqué ci-dessus : la méthode de concordance, la méthode de différence, la méthode des variations concomitantes et la méthode des résidus.

Nous connaissons des sociétés rudimentaires disparues et même encore actuellement existantes, où les liens familiaux, spécialement ceux entre le père et l'enfant, sont à peu près inexistants; la maternité, fait matériel, y sert de lien social entre la famille et l'enfant; celui-ci peut être, dans ce stade de civilisation, considéré comme à moitié légitime seulement, c'est-à-dire vis-à-vis de sa mère.

Représentons par 100 le chiffre des naissances dans les sociétés de ce genre; nous pouvons représenter par 50, par exemple, le quantum supposé du rapport entre les naissances en général et leur légitimité de l'autre. Il est, du reste, bien entendu que, dans les considérations qui vont suivre, nous ne discutons pas la question de savoir si certaines formes libres d'union sexuelle sont ou non supérieures à certaines formes officiellement légitimes; nous considérons seulement que dans notre état de civilisation, l'illégitimité des naissances est l'indice incontestable d'un relâchement des liens entre l'enfant et ses auteurs.

Appliquons nos procédés à un pays particulier, la Belgique:

A. *Tableau des naissances illégitimes par 100 naissances.*

	I	II	III
	Royaume	Hainaut	Luxembourg
1840	6.33	5.73	2.53
1841-1850	7.43	7.59	2.53
1851-1860	7.91	8.40	2.75

Guillaume De Greef

1861-1870	7.13	8.94	2.73
1871-1880	7.20	8.32	2.43
1881-1889	8.72	10.74	2.71
1890	?	?	?

Joignons maintenant à ce tableaux celui des salaires des houilleurs du Hainaut et des travailleurs agricoles, hommes et femmes, dans le Luxembourg:

B. *Tableau des salaires.*
IV
Des houilleurs du Hainaut

1841-1850	1.39
1851-1860	2.85
1861-1870	2.62
1871-1880	3.39
1881-1889	3.00
1890	3.69

B. *Tableau des salaires.*
V
Salaires agricoles du Luxembourg, sans nourriture

	Hommes	Femmes
1830	1.08	0.74
1835	1.09	0.74
1840	1.12	0.76
1846	1.16	0.79
1850	1.30	0.92
1856	1.81	1.10
1874	2.38	1.48
1880	2.48	1.62

Les phénomènes sociaux d'ordre génésique enregistrés par le premier tableau mis en regard de ceux enregistrés par le second, constituent une véritable expérimentation, dont par les procédés logiques expérimentaux et inductifs en général, nous pouvons dégager des lois.

La simple comparaison des indications fournies par les données statistiques nous montre tout d'abord qu'il y a, dans le royaume, des conditions ou causes générales qui agissent dans un sens défavorable sur la production du phénomène naissances illégitimes. En un demi-siècle le rapport pour cent des naissances illégitimes aux naissances en général s'est élevé de 6,33 p.100 à. 8,71 p. 100.

L'examen de la colonne II du premier tableau, nous prouve que si le royaume en général a été soumis, au point de vue du fait envisagé, à des conditions socialement désavantageuses, il y a des facteurs spéciaux qui, dans le Hainaut, ont agi d'une manière encore plus néfaste que dans le royaume sur l'apparition du phénomène; dans le Hainaut, en effet, le pour cent de naissances illégitimes, inférieur, en 1840, à celui de l'ensemble du pays, a depuis lors progressé de 5,73 p.100 à 10,74 p.100 !

Quelles sont les conditions qui différencient particulièrement le Hainaut de l'ensemble du royaume ? Ce sont évidemment les conditions économiques et principalement le développement de la grande industrie: mines, usines, etc. Ces conditions ou causes spéciales sont si bien les causes ou conditions de la différence entre le Hainaut et le royaume de la proportion des naissances illégitimes, que si nous remontons à une époque antérieure au développement de l'industrialisme capitaliste, c'est-à-dire à la période qui a précédé celle de 1841-1850, la situation du Hainaut ne diffère guère de celle de la moyenne des naissances illégitimes de tout le pays. En *éliminant* les causes ou conditions industrielles propres à la période d'exploitation industrielle du Hainaut, nous obtenons un *résidu* ou reste qui est égal à la situation de l'ensemble du royaume; cette intense exploitation industrielle est donc la condition ou la cause de la *différence* qui existe entre le phénomène tel qu'il apparaît dans le pays en général et tel qu'il se produit dans le Hainaut en particulier. Il va de soi qu'en parlant des conditions industrielles spéciales au Hainaut, nous embrassons par ces mots une pluralité de causes ou de conditions qui elles-mêmes pourraient faire l'objet d'une recherche spéciale. Nous pouvons en examiner une:

La colonne IV du deuxième tableau, relative aux salaires des houilleurs du Hainaut, nous permet de constater que les *variations* favorables de ces salaires sont *concomitantes* avec les variations relativement favorables que manifestent certaines périodes du premier tableau, colonne II. Ainsi la période de hauts salaires industriels de 1871-1880, dans le Hainaut, *concorde* avec un abaissement favorable du rapport des naissances illégitimes dans la même province.

Cette *concordance* est prouvée plus exactement encore par le fait que les *variations* des deux faits envisagés, salaires et naissances illégitimes, sont *concomitantes*. Ainsi, dans cette même période de 1871-1880, les années 1872-1874, supérieurement avantageuses au point de vue de l'élévation des salaires, ont vu réduire le rapport des naissances illégitimes à 7,04 p.100 pour le royaume et à 8,28 p.100 pour le Hainaut, au lieu de 7,20 p.100 et de 8,32 p.100 qui sont les chiffres moyens de cette période décennale et constituaient, particulièrement pour le Hainaut, par eux-mêmes, une variation favorable. La méthode des variations concomitantes confirme encore cette induction expérimentale en nous montrant par la statistique officielle que la période la plus mauvaise de toutes pour la production des naissances illégitimes dans le Hainaut, concorde avec une crise intense de l'industrie charbonnière et un abaissement des salaires, mais qu'en revanche, les variations favorables qui, en 1888 et 1889, se produisent dans le taux des salaires, se manifestent immédiatement par des variations concomitantes également favorables dans la proportion des naissances illégitimes; le taux de ces dernières qui de 1881 à 1889, est de 10,74 p.100 se réduit immédiatement, en 1888-1889, à 10,66 p.100. Nous ne connaissons pas encore en ce moment le chiffre officiel des naissances illégitimes pour 100 naissances dans le Hainaut pour 1890, mais nous savons par le dernier et si remarquable rapport de M. Harzé sur la *Statistique des mines*, que la moyenne du salaire des houilleurs du Hainaut s'est élevé à 3 fr. 69. Nous pouvons dès lors à peu près avec certitude prévoir et prédire que la réduction favorable qui s'est manifesté en 1888-1889 dans la proportion des naissances illégitimes s'accentuera encore pour l'année 1890 [1].

Ainsi, en sociologie comme dans les sciences physico-chimiques et physiologiques, les méthodes de recherche expérimentale nous permettent de découvrir les conditions de production et de reproduction des phénomènes, c'est-à-dire les lois de leur apparition et de leur évolution, et d'introduire dans la politique la prévoyance, cette véritable providence non plus surnaturelle, mais humaine et collective.

Il y a donc des lois, c'est-à-dire des rapports nécessaires qui déterminent les phénomènes génésiques et les relient à l'ensemble notamment des conditions économiques de leur milieu de production et d'activité; les salaires sont une de ces conditions économiques. Les variations brusques et continuelles des salaires sont du reste par elles-mêmes une cause de perturbation nocive; même un relèvement important mais brusque des salaires ne produit pas tous les effets bienfaisants que produirait un relèvement faible, mais régulier et continu.

La colonne III du tableau *A* et la colonne V du tableau *B* relatives aux naissances illégitimes et aux salaires agricoles du Luxembourg constituent, sous ce rapport, une véritable expérimentation sociale, surtout si on met cette expérimentation en rapport avec les données fournies par le Hainaut. Le Luxembourg est en effet remarquable entre toutes nos provinces par la constance relative de ses conditions sociales; les plus générales, les conditions économiques, n'y ont pas subi de changements intenses, comme dans le Hainaut, par la formation de grands centres industriels; les chemins de fer eux-mêmes n'y ont que fort peu activé la circulation et développé les centres urbains. Au contraire, la progression lente mais régulière des salaires agricoles y a assuré

---

1 Cette prévision s'est réalisé après que ces pages étaient écrites ainsi que mes auditeurs à l'Ecole des sciences sociales ont pu le constater par les chiffres que je produisis devant eux pendant mes leçons de l'année suivante. En 1890, en effet, les naissances illégitimes par 100 naissances ont été: Royaume, 8.63 p.100; Hainaut, 10.44 p.100; Luxembourg, 2.95 p.100. Dans cette dernière province, en 1890 comme en 1889, le chiffre total des naissances a diminué et celui des naissances illégitimes s'est accru; la population en général tend à y décroître. En 1891, le salaire net moyen des houilleurs du Hainaut est tombé à 3 fr. 06 par jour; la dépression ayant persisté depuis, nous pouvons prévoir une augmentation des naissances illégitimes; les statistiques officielles nous font défaut jusqu'ici.

Guillaume De Greef

la stabilité et la régularité des rapports familiaux, notamment des parents vis-à-vis de leurs enfants. Dans le Luxembourg, l'invariabilité relative du milieu social et notamment du milieu économique a nécessairement déterminé l'invariabilité du rapport du phénomène: naissances illégitimes, avec ce milieu. La méthode expérimentale de concordance vient donc ici confirmer la méthode expérimentale des variations concomitantes, de même que cette dernière confirme les méthodes de différence et des résidus.

En ce qui concerne celles-ci, nous pouvons en effet, en faisant usage des données statistiques, éliminer par la pensée, c'est-à-dire par un procédé purement logique, du Hainaut et du Royaume, les causes ou conditions spéciales, telles que l'industrialisme intense et instable avec ses conséquences, les grandes agglomérations urbaines, le morcellement agricole excessif, etc., etc.; nous pouvons en un mot réduire par la pensée le pays à la même situation que celle du Luxembourg: les différences constatées seront les conditions et les causes des différences constatées dans la production des naissances illégitimes; au contraire les résidus de ressemblances seront les conditions communes à tous les pays.

On comprend dès lors pourquoi, dans le Luxembourg, le taux des naissances illégitimes n'a pour ainsi dire pas varié, la constance relative du milieu y est en rapport avec la régularité relative du phénomène social produit; les conditions restant les mêmes, le phénomène apparaîtra naturellement de même; les conditions variant, le phénomène apparaîtra aussi, mais modifié.

Observons que ce phénomène spécial relatif à la cohérence des liens familiaux correspond, dans le Hainaut et dans le Luxembourg, au mouvement général de la population. Ce mouvement est aussi lent et régulier dans la dernière province qu'il est rapide et excessif dans la première. Dans une période de cinquante-sept ans la population du Luxembourg n'augmente que de 35 p.100, soit d'un peu plus de 1/2 p.100 par an, celle du Hainaut augmente de 70 p.100 et dans l'arrondissement de Charleroi, cet accroissement s'élève à 230 p.100 tandis que, dans la même province, il n'est que de 14,18 p.100 dans l'arrondissement de Thuin et de 3,61 p.100 dans l'arrondissement d'Ath. Donc, au point de vue de la population en général, comme à celui des naissances illégitimes, les conditions sociales du Hainaut présentent des variations excessives concomitantes avec les autres circonstances excessives du milieu, à tel point qu'outre ces véritables excroissances harmoniques le Hainaut, en dehors même de tous autres aspects, révèle encore au point de vue du mouvement de la population en général, des variations violentes qu'on ne rencontre nulle part ailleurs.

Il y a, en conséquence, des lois génésiques ou relatives à la population; en effet, par exemple, toutes autres conditions égales, il y a un rapport nécessaire entre l'état économique d'un pays, notamment ses salaires industriels, et la proportion des naissances illégitimes dans le chiffre total des naissances; aux variations de cet état économique correspondent des variations du taux des naissances illégitimes; elles dépendent donc nécessairement du milieu économique, plus spécialement   encore des conditions où le travail est rémunéré. Ces conditions sont ce qu'on appelle vulgairement les causes des naissances illégitimes,

Si on a encore la moindre incertitude au sujet des rapports nécessaires qui existent entre un phénomène génésique et son milieux, en un mot sur le déterminisme des phénomènes sociaux, on peut procéder à des vérifications complémentaires par l'étude de faits du même ordre. Dans ce cas, encore une fois, la méthode expérimentale sera pleinement efficace.

Les conditions sociales qui règlent d'une façon nécessaire la production des naissances illégitimes sont si bien des conditions désavantageuses d'une nature déterminable, que nous pouvons poursuivre ce phénomène génésique déjà spécial dans des modalités encore plus originales. Ainsi, jusque dans le sein de leur mère, les conditions des enfants illégitimes sont plus défavorables que celles des autres. Il y a proportionnellement plus de mort-nés illégitimes que de légitimes !

Voici, en effet, quelle a été la proportion des mort-nés pour 100 enfants vivants, légitimes ou non:

1841-1850	4.37	p. 100
1851-1860	4.73	p. 100
1861-1870	4.81	p. 100

| 1871-1880 | 4.54 | p. 100 |
| 1881-1890 | 4.50 | p. 100 |

Au contraire, la proportion des mort-nés pour 100 enfants illégitimes vivants a été en:

1841-1850	6.20	p. 100
1851-1860	6.40	p. 100
1861-1870	6.97	p. 100
1871-1880	6.25	p. 100
1881-1890	6.45	p. 100 *

* Exposé de la situation du Royaume et Annuaires statistiques de la Belgique

Ainsi, d'une façon constante, la loi agit au détriment des enfants illégitimes mort-nés d'une façon plus meurtrière que vis-à-vis des autres, dans une proportion à peu près invariable d'un tiers à leur préjudice ; donc inégalité jusque dans le phénomène de production des mort-nés. Pourquoi ? Évidemment parce qu'il y a une inégalité correspondante dans les conditions où ils naissent morts.

Nous savons du reste également que, nécessairement et d'une façon plus générale, la mortalité des enfants illégitimes est supérieure à celle des enfants légitimes et la mortalité des enfants pauvres supérieure à celle des enfants des classes aisées.

EXEMPLE D'UNE LOI ESTHÉTIQUE

Nous avons exposé ailleurs les principales lois abstraites relatives à la structure et au fonctionnement des divers organes artistiques [1] ; toute production artistique exige une épargne, une réserve de forces physiologiques sans emploi actuel pour les nécessités économiques, génésiques, en un mot primordiales de l'existence; toute production artistique réclame un certain loisir économique, une certaine excitation vers la beauté idéale provoquée directe-

1 Introduction à la sociologie, t. II, p. 148 à 189.

ment par les relations sexuelles et les autres affections familiales et indirectement par les autres formes encore plus élevées mais consécutives de la vie collective; la société la plus artistique, toutes autres conditions égales, sera donc nécessairement celle où ces divers facteurs du phénomène appelé art se rencontreront dans les conditions les plus avantageuses. Nous savons par expérience, c'est-à-dire par l'histoire des sociétés, que ces circonstances avantageuses commencent par être le privilège de certaines castes et de certaines classes. Nous pouvons dès lors également prévoir et prédire que la diffusion du loisir physiologique et économique résultant de l'émancipation progressive des classes inférieures, diffusion qui sera accompagnée d'une excitation constante vers le beau par le perfectionnement des conditions familiales et autres, aura pour effet de modifier la structure de l'art en ce sens qu'il sera de plus en plus accessible à la masse dans la mesure même des autres progrès sociaux et notamment des loisirs physiologiques et économiques qu'une limitation rationnelle et humaine du travail et de la production entraînera.

Voilà la description succincte d'une loi esthétique, à la fois statique et dynamique, abstraite à 1a. fois et générale. Comme exemple d'une loi abstraite plus spéciale, mais également statique et dynamique, nous pouvons citer que, partout et toujours, l'architecture est antérieure à la sculpture et cette dernière à la peinture, bien entendu en tant que la sculpture et la peinture s'appliquent à des créations distinctes, détachées des œuvres architecturales. Chacun de ces arts repose, est construit sur l'autre, puis s'en différencie successivement et cela est vrai de toutes les civilisations; c'est ce qui fait le caractère abstrait de cette loi à la fois statique et dynamique.

EXEMPLE DES LOIS RELATIVES AUX CROYANCES ET AUX SCIENCES

Dans les premières parties de cette étude, nous avons suffisamment indiqué le caractère du tableau hiérarchique et intégral des sciences. Ce tableau nous décrit à la fois leur structure et leur évolution dans tous les temps et dans tous les pays, par conséquent la loi statique et dynamique des sciences. La classification hiérarchique des croyances en fétichisme, polythéisme, monothéisme, métaphysique, philosophie positive, nous montre l'aspect particulier de cette même loi au point de vue de la conception générale de l'ensemble des phénomènes de l'univers également sous leur double aspect, statique et dynamique.

EXEMPLES DE LOIS RELATIVES AUX MŒURS
ET A LA MORALE

Le suicide [1]

Les précieux travaux de Quetelet et de M. Yvernès, notamment les tableaux et les cartes si soigneusement et si complètement dressés par ce dernier, nous font comprendre pour ainsi dire de visu ce qu'il faut entendre par loi sociologique; ils nous montrent certains phénomènes moraux se produisant nécessairement et invariablement dans certains conditions, tant que celles-ci sont elles-mêmes invariables et constantes. Nous avons ces tableaux et ces cartes sous les yeux: les planches XI et XII nous montrent à toute évidence qu'il y a un rapport nécessaire entre le phénomène social, suicide, et le milieu où il fait son apparition:

Il y a un rapport nécessaire entre les suicides et les saisons, entre les suicides et le sexe, l'âge, les heures habituelles du jour où le phénomène se produit, l'état de mariage ou de célibat, les conditions économiques, surtout les crises, les professions exercées, et même les moyens de destruction de soi-même employés. En France, c'est toujours et invariablement dans le département de la Seine que le chiffre des suicides, proportionnellement à la population, est le plus élevé, et c'est dans douze départements, formant entre eux une agglomération distincte et tranchée, qu'ils le sont invariablement le moins [2]. Si par les méthodes employées

---

1 Compte général de l'Administration de la justice criminelle en France, de 1826 à 1880.

Quetelet, *Physique sociale*, t. II. p..232 et suiv.
2 L'Ariège, la Haute-Garonne, les Hautes-Pyrénées, le Gers, le Tarn, l'Aveyron, le Lot, le Cantal, la Lozère, la Haute-Loire, le Puy-de Dôme et la Creuse.

ci-dessus pour les naissances illégitimes, nous recherchions les conditions perturbatrices qui placent le département de la Seine dans cette situation particulièrement désavantageuse au point de vue du phénomène moral dont il s'agit, nous déterminerions d'une façon précise la loi même de ces perturbations ou variations. Nous devons nous borner ici à indiquer l'évidence de leur existence. Nous voyons cependant par l'examen de la planche XII, C, que les principales conditions sociales fautrices du suicide sont, par ordre d'importance et en dehors des maladies cérébrales, la misère, les chagrins de famille et les souffrances physiques dont l'action est à peu près égale, puis l'alcoolisme, ensuite l'amour, la jalousie et la débauche et enfin la crainte des poursuites judiciaires. D'une façon constante également, il y a plus de suicides d'hommes que de femmes, de célibataires que de gens mariés ou de veufs et de mariés et veufs ayant charge d'enfants que de mariés et veufs n'en ayant pas, etc. En somme, les troubles physiques, y compris les troubles cérébraux, les troubles économiques et génésiques sont le champ de culture le plus favorable à la production des suicides ; en France, ce champ de culture par excellence c'est Paris et le département de la Seine.

EXEMPLE DE LOIS JURIDIQUES

L'Infanticide.

Parmi tous les crimes et délits commis et poursuivis en France de 1826 à 1880, c'est dans l'infanticide que la proportions des illettrés sur cent accusés est la plus considérable ; elle est en moyenne de 72 p.100. L'infanticide est donc le crime des illettrés; voilà une des conditions qui favorisent l'apparition de ce phénomène criminel; nous serons encore plus exactement renseignés après avoir constaté que ces illettrés sont généralement des célibataires et ces célibataires des femmes dans la proportion de 93 p.100. Ce n'est pas tout; parmi ces femmes ce sont celles dont la condition est la plus dépendante, la plus servile en réalité, les moins capables par conséquent de réagir par leur volonté contre toutes les causes ambiantes qui concourent à les accabler et à les pousser

Guillaume De Greef

nécessairement au crime, qui fournissent le chiffre le plus élevé du contingent des suicides. En France, en effet, comme en Belgique, les cinq dixièmes des infanticides sont commis par des ouvrières agricoles et des domestiques de ferme, deux autres dixièmes par les domestiques attachées au service des personnes dans les villes et ailleurs. Les femmes indépendantes, exerçant des professions libérales, n'y participent pas pour un centième par cent crimes.

Aussi en France le jury, en Belgique la Cour, 99 fois sur 100, accordent les circonstances atténuantes, c'est-à-dire dans une proportion plus large que pour n'importe quel antre crime [1].

En vérité, une peine ne devrait être prononcée que si, par Hypothèse, un infanticide avait été déterminé par une cause à laquelle il serait prouvé que l'accusée pouvait résister ou s'il avait été commis sans cause, c'est-à-dire si le crime était inconditionné. Dans tous les autres cas, l'irresponsabilité de l'individu vis-à-vis de la Société est évidente, puisque c'est au contraire le milieu social qui oblige nécessairement la mère à agir contre toutes les lois naturelles: *elle* n'est pas la coupable, mais la victime. Puisque la loi sociologique nous montre comment, dans des conditions constantes, la contribution aux infanticides sera nécessairement levée à charge d'un contingent invariable de personnes du même sexe et de la même catégorie, ce n'est pas à ces personnes qu'une *peine* supplémentaire doit être infligée, c'est la collectivité qui doit prendre à son compte la peine de modifier à tout prix les conditions sociales qui produisent l'infanticide aussi naturellement et aussi nécessairement que certains poisons produisent la mort.

Au point de vue social, le plus important de tous, le libre arbitre, qui fait l'objet de tant de controverses stériles dans le champ clos de la psychologie et de la morale individuelles, est une quantité tellement petite qu'elle peut être négligée sans grave inconvénient. Socialement, notre libre arbitre est limité à un point pour ainsi dire idéal, non susceptible de mensuration, noyé au milieu du rythme régulier des flots du déterminisme complexe et immense. Quetelet, notamment, a parfaitement établi la constance et la régularité des moyennes dans les phénomènes sociaux pour des périodes de temps données ; il a évidemment attaché à ces moyennes une importance excessive en négligeant trop souvent les variations dont elles sont

1 Yvernès. *Compte de la justice criminelle*; Rapport. p. XXXIII.

susceptibles et que l'on constate mieux si l'on observe des périodes plus longues. Il n'en reste pas moins certain que plus, dans un pays et dans un temps déterminés, les variations sociales s'éloignent de leurs moyennes, plus aussi elles deviennent rares; or, le libre arbitre consiste précisément dans le pouvoir de s'écarter. par une énergie subjective volontaire suffisamment supérieure, du milieu, c'est-à-dire des conditions moyennes; il en résulte que la *loi du libre arbitre* serait précisément d'être d'autant plus efficace qu'il serait plus rare; en fait, le libre arbitre absolu serait sans application. Le libre arbitre implique donc sa propre négation; cette contradiction essentielle est du reste scientifiquement démontrée par le fait qu'il est possible de dégager les lois mêmes des variations et des probabilités.

Faut-il en conclure, comme on reproche à tort aux doctrines positives de 1e faire, qu'il n'y a ni morale, ni justice ? Comment pourrait-on le soutenir sérieusement alors que le déterminisme scientifique, dans tous les ordres de nos connaissances, a précisément pour objet et pour mission de nous prouver qu'il existe des lois nécessaires que nous ne pouvons enfreindre sans supporter immédiatement la pleine de notre révolte ? Les phénomènes moraux et sociaux ont même ce privilège d'être plus malléables et par conséquent plus modifiables que tous les autres; nous pouvons donc agir sur les conditions qui les déterminent de manière à les modifier sans cesse dans le sens du progrès de la vertu et de la justice; ces conditions progressives de la morale et de la justice, c'est. la science qui nous les fait connaître et qui en impose la poursuite et la réalisation à notre conscience, c'est la science, disons-nous, et non pas la révélation ni des concepts innés et indéterminés; voilà ce qui nous sépare de toutes les religions et de toutes les métaphysiques, c'est une différence de Méthode; la nôtre implique la reconnaissance complète et exclusive de la Souveraineté de la Science, l'autre en est la négation. C'est la science qui nous fait connaître de mieux en mieux ce qui est utile, comme aussi ce qui est honnête et ce qui est juste; il n'y a pas d'autre révélation et de criterium que l'expérience.

Guillaume De Greef

CHAPITRE VI
LOIS SOCIOLOGIQUES COMPOSÉES

La sociologie positive, en tant que doctrine, est le produit de trois grands courants principaux dont le cours, désormais unique et majestueux, entraîne la civilisation moderne vers les vastes océans transformés de barrières en voies naturelles par excellence de la civilisation mondiale.

La science sociale fut constituée le jour où, brisant ses enveloppes religieuses et métaphysiques primitives et atteignant dans ses recherches les phénomènes intimes et profonds de la structure et de la vie des sociétés, elle parvint à dégager des rapports et des lois. Ces faits primordiaux et élémentaires, à la fois les plus simples et les plus généraux, étaient ceux relatifs à la vie de nutrition et de reproduction de l'espèce humaine. Ce sera l'éternel honneur de l'économie politique, même métaphysique, d'avoir déterminée l'importance prédominante de ces facteurs essentiels; sa faiblesse fut de les considérer comme des entités abstraites, immuables et, ce qui fut peut-être plus néfaste encore, comme indépendantes des autres facteurs sociaux, tels que la morale, le droit et la politique.

La révolution scientifique s'opéra par le triple et irrésistible effort du socialisme proprement dit, par celui des savants qui les premiers appliquèrent aux faits sociaux élémentaires les méthodes des sciences physiques et naturelles et, à peu près en même temps, par les fondateurs de la sociologie intégrale comme science indépendante et comme philosophie de toutes les sciences sociales particulières.

Ce n'est pas ici le moment d'étudier l'influence des diverses écoles socialistes; elles ramenèrent l'économie politique de la vaine agitation des formules vides et généralement optimistes à l'observation des réalités trop souvent cruelles, observation dont la conséquence ne fut heureusement pas un pessimisme déprimant, mais au contraire une réaction énergique de la volonté réformatrice collective.

Les représentants les plus illustres des sciences mathématiques et physiques, de leur côté, démontraient que les phénomènes politiques, moraux et intellectuels sont régis par des lois aussi bien que ceux de la nature inorganique et organique. Parmi eux, en France, il convient de rappeler les noms illustres de Lagrange, de Laplace, de Joseph Fourier qui, dans les problèmes relatifs au calcul des probabilités, à la natalité, à la mortalité, à la criminalité, aux assurances, etc., introduisirent avec tant de puissance l'application des méthodes scientifiques générales.

C'est grâce au socialisme et à ces ancêtres scientifiques, continuateurs eux-mêmes des encyclopédistes du XVIIIe siècle et des fondateurs anglais, hollandais, italiens et allemands antérieurs, de la statistique, qu'il devint possible, vers le milieu de notre XIXe siècle, d'essayer de constituer, à l'aide des matériaux recueillis dans les divers ordres de nos connaissances sociales, une science unifiée et coordonnée, la sociologie.

Ces premières et grandioses tentatives se présentent à nous sous deux formes également naturelles bien qu'imparfaites, caractérisées par des points de départ, des méthodes et des résultats en grande partie divergents.

Continuateur de Laplace et de Joseph Fourier, ayant cependant aussi subi l'heureuse influence humanitaire des écoles sociologiques de son époque, A. Quetelet (1796-1874) applique rigoureusement à l'étude du corps social la méthode des sciences exactes; il base sa *Physique sociale* sur la connaissance des rapports et les lois qu'il essaie de dégager, très souvent avec succès, de l'observation des phénomènes élémentaires abstraits de la sociologie, c'est-à-dire de ceux dont nous nous sommes également occupés dans le chapitre précédent. Ses observations n'embrassent pas seulement les faits économiques et génésiques, elles s'étendent à l'art, à la science, au droit spécialement à la criminalité, et à la politique. Sa méthode est irréprochable, mais elle s'arrête au tiers du chemin. Nulle part Quetelet ne s'élève jusqu'à l'observation ni même jusqu'à la conception de fonctions et d'organes sociaux dans lesquels les éléments se coordonnent; ses vues sur la structure sociale d'ensemble se bornent dès lors à des considérations assez superficielles et vagues dont il reconnaissait du reste le premier l'insuffisance.

À la différence de Quetelet, A. Comte (1798-1857) néglige pour ainsi dire absolument l'observation des phénomènes sociaux élémentaires; au point de vue des connaissances économiques, artistiques, juridiques et politiques, il est certainement inférieur à la plupart des spécialistes de son temps. Il décrit certains organes sociaux et leurs fonctions, mais ces descriptions sont à la fois incomplètes et insuffisantes tant au point de vue du nombre que des relations des organes. Sauf en ce qui concerne l'évolution philosophique, sa sociologie est essentiellement déductive et non inductive et, comme ses déductions sont tirées d'un *Tableau des fonctions intérieures du cerveau* qui est lui-même défectueux, elles sont à peu près complètement fausses.

Il a entrevu quelques grandes lois relatives à la structure générale des sociétés, telles que leur continuité, leur solidarité; mais le vice de sa méthode, aboutit finalement à une conception sociale subjective, hiérarchiquement autoritaire, religieuse et rétrograde.

M. H. Spencer tient le milieu, au point de vue de la Méthode, entre Quetelet et A. Comte. Sa grande supériorité, vis-à-vis de l'un et de l'autre, consiste en une observation et une description approfondies des fonctions et des organes particuliers du corps social; sa conception d'ensemble dès lors a des rapports plus étroits avec la réalité; mais, malgré l'accumulation énorme des faits sociaux à l'aide desquels l'illustre philosophe procède à ses analyses et à ses reconstitutions organiques, son point de départ est défectueux; ses données sociologiques ne sont méthodiquement ni analysées ni surtout classées; ses matériaux économiques et juridiques surtout sont incomplets et leurs rapports et leurs lois mal définis et conçus.

Si ces trois hommes de génie que nous venons de prendre comme types de l'évolution méthodique et historique de la science sociale s'étaient succédé régulièrement en se complétant l'un l'autre, Spencer perfectionnant Quetelet par l'étude des organes spéciaux et Comte couronnant, grâce à eux et à son esprit généralisateur, leur œuvre par la description de la structure sociale d'ensemble, si en un mot leur œuvre au lieu d'être personnelle avait pu être une œuvre collective, la sociologie aujourd'hui serait à peu près parfaite, tout au moins dans sa méthode et dans son architecture; son enseignement et son influence se seraient développés beaucoup plus qu'ils ne le sont actuellement.

Si nous appliquons maintenant les considérations ci-dessus aux sept classes de phénomènes sociologiques (nos 7 à 13) par lesquelles se termine notre *Tableau hiérarchique intégral des sciences abstraites* du chapitre IV, nous comprendrons aisément par quelles transitions méthodiques il convient de passer de l'étude des phénomènes, des rapports et des lois sociologiques simples à l'étude des phénomènes, des rapports et des lois sociologiques composés. Ici encore, comme toujours, la méthode scientifique consiste à passer du simple et du général au complexe et au spécial par des gradations successives, conformément aux lois naturelles de l'esprit humain et du raisonnement. Les rapports et les lois sociologiques les plus simples sont tout d'abord ceux qui existent entre des faits de la même classe. Ainsi, dans le groupe des phénomènes économiques, il y a, comme nous l'avons montré, des rapports et des lois statiques et dynamiques relatifs à la circulation des produits et des signes représentatifs de ces produits.

Il faut cependant signaler que dans la même classe de phénomènes il peut y avoir des rapports et des lois doublement, triplement, etc., composés; chaque classe, en effet, se subdivise an groupes et en sous-groupes distincts. Par exemple la classe des phénomènes économiques se subdivise en trois groupes principaux: le groupe des phénomènes de circulation, le groupe des phénomènes de consommation, le groupe des phénomènes de production; ceux-ci se différencient en groupes secondaires: ainsi, le groupe relatif à la circulation embrasse des phénomènes ayant pour objet :

1°   Le transport des marchandises;

2°   La transmission des offres et des demandes de marchandises ;

3°   Les signes fiduciaires ou intermédiaires des échanges ;

4°   La circulation même de ces signes fiduciaires.

Dans chacune des sept classes de phénomènes sociologiques dont nous avons tracé le tableau hiérarchique, il y a donc des rapports et des lois internes soit simples soit composées à divers degrés. Dans chacune de ces classes, la méthode exige donc que l'on passe successivement des rapports et des lois les plus simples et les plus généraux aux rapports et aux lois les plus spéciaux.

L'usage des diagrammes, surtout en économie politique et, par extension, à l'étude des faits intellectuels, moraux, juridiques et même politiques, permet de se faire une idée pour ainsi dire palpable et matérielle des rapports et des lois qui régissent le monde social.

Ainsi la Banque Nationale de Belgique a fait publier, en 1884, un atlas de diagrammes relatifs à ses diverses opérations [1]. On y constate notamment, de visu, ce que la critique et la théorie avaient déjà d'ailleurs démontré, qu'il n'y a pas de rapport nécessaire entre le capital d'une Banque Nationale et les fonctions qu'elle a pour objet d'assurer; ces fonctions s'accomplissent en réalité sans l'intervention de son capital, lequel, depuis la fondation de la banque, c'est-à-dire depuis quarante-deux ans, est resté immobilisé en fonds publics. Au contraire, les mêmes diagrammes nous montrent avec la plus grande clarté les rapports constants et nécessaires qui existent entre toutes les fonctions de la Banque et le taux de l'escompte par exemple. Celui-ci est en corrélation avec tous les autres éléments dont il apparaît comme une résultante et une descendance.

Voilà donc le processus méthodique à suivre dans la recherche des rapports et des lois relatifs à une seule classe de phénomènes sociologiques [2].

Nous pouvons maintenant monter à un échelon supérieur.

Il y a des rapports et des lois entre les phénomènes de chaque classe particulière et les phénomènes de chacune de toutes les autres classes. Ainsi l'économie politique a des relations avec la population, avec l'art, avec la science, avec la morale, avec le droit et avec la politique. Voilà le premier aspect à considérer dans les rapports entre ces classes de faits sociologiques dont chacune constitue déjà par elle-même une collectivité complexe de groupes primaires et secondaires.

Rappelons-nous encore une fois notre tableau hiérarchique des sept classes de phénomènes sociologiques; considérons-le

---

1 Bruxelles, imprimerie de la Banque nationale, 1884.

2 À ceux qui voudront se former une conception exacte des rapports qui existent entre les faits économiques, je recommande tout spécialement, comme des modèles de méthode et d'exactitude, les diagrammes de M. H. Denis, professeur d'économie politique à l'Université de Bruxelles et tout particulièrement son *Atlas de diagrammes relatifs à l'histoire des prix en Belgique*. Bruxelles, 1885.

au point de vue que nous venons d'indiquer. Que remarque-t-on ? On constate immédiatement que les rapports de l'économie politique avec les six autres classes sont directs ou indirects. C'est là une observation importante. L'économie politique se relie directement à la science de la population et, de plus en plus indirectement seulement, aux cinq autres classes sociologiques. Or nous savons que les phénomènes les plus généraux sont ceux qui déterminent, d'une façon également générale, les plus spéciaux; ils les conditionnent, ils en sont la cause commune on dit en langage métaphysique. Donc, sauf leurs caractères spéciaux, les rapports et les lois relatifs à la population sont directement déterminés et conditionnés par les facteurs économiques; les rapports et les lois relatifs à l'art, à la science, à la morale, au droit, à la politique, le sont au contraire de plus en plus indirectement.

Ceci même constitue une des lois sociologiques générales les plus importantes, car il en résulte que plus on s'élève dans l'échelle hiérarchique des phénomènes sociaux, plus la volonté collective devient apte à intervenir efficacement dans l'organisation des sociétés par son adaptation de plus en plus parfaite et exacte aux conditions spéciales produites naturellement par le développement de la civilisation.

Au point de vue simplement logique, la même loi nous permet aussi d'affirmer que les conditions ou causes les plus générales de l'état et du fonctionnement de tous les autres phénomènes sociaux résident essentiellement dans la classe générale des facteurs économiques.

Cette double constatation nous permet de conclure que les modifications apportées par la politique au régime économique, tout en étant les plus difficiles à réaliser, eu égard à ce que les rapports entre l'économique et la politique sont les moins directs de tous, sont cependant celles dont les effets sont les plus féconds et les plus durables précisément parce que leur action est à la fois la plus simple et la plus générale. C'est ainsi que les médicaments agissent sur l'organisme individuel par leur introduction dans le système circulatoire général.

Le tableau hiérarchique des phénomènes sociaux nous montre comment cette influence politique sur l'organisation économique peut et doit s'exercer. Elle ne le peut et ne le doit qu'indirectement en transformant les notions et les règles juridiques, en transformant les idées morales, en utilisant et en s'assimilant tous les progrès scientifiques, en rendant l'art même pour ainsi dire le complice et l'adjuvant du progrès et, finalement, en pénétrant par toutes ces influences réunies les populations dont le concours et l'acquiescement sont la condition primordiale de toute réforme sociale dans les sociétés modernes.

Les rapports et les lois sociologiques sont donc simples ou composés, directs ou indirects, médiats ou immédiats. Les rapports et les lois simples sont ceux qui existent entre phénomènes d'une même classe ou entre phénomènes d'une même subdivision de classe; les rapports et les lois composés sont ceux que l'observation dégage des phénomènes soit de subdivisions d'une même classe, soit de classes différentes.

Les rapports et lois directs sont ceux qui s'établissent entre phénomènes, classes ou subdivisions de classes sans l'intermédiaire d'autres facteurs.

Dans les exemples statistiques que nous avons donnés antérieurement, le tableau des naissances illégitimes par cent naissances de 1840 à 1890, nous montre des rapports simples empruntés à une même subdivision de la classe des phénomènes génésiques, le groupe de la natalité.

Quand nous avons mis ces phénomènes génésiques en rapport avec les salaires, nous avons dégagé des rapports composés, c'est-à-dire provenant de deux classes distinctes de facteurs sociologiques, l'une économique, l'autre génésique ; ces rapports étaient en même temps directs, puisque la classe des phénomènes génésiques dépend directement, tant au point de vue organique que logique, de celle des phénomènes économiques.

Voici du reste quelques exemples des rapports les plus généraux qui résultent des liens directs ou indirects d'une classe particulière de faits sociaux, la classe économique avec les six autres classes.

Rapports directs entre l'Economique et la Génétique: le prix des grains a des rapports constants et nécessaires avec la natalité, la matrimonialité et la mortalité.

Vis-à-vis des autres classes sociologiques, les rapports de

l'Economique deviennent de plus en plus indirects et médiats dans l'ordre des exemples suivants :

Rapports entre l'Economique et l'Esthétique: la qualité et la quantité de la production artistique sont dans un rapport constant et nécessaire avec le degré de bien-être et de loisir économiques.

Rapports entre l'Economie et la Science: Dans son autobiographie, Ch. Darwin dit: «J'ai eu beaucoup de loisir, n'ayant pas eu à gagner mon pain « ; il établit un rapport nécessaire entre cette condition économique favorable et ses succès scientifiques; ce rapport généralisé est une loi sociologique.

Rapports entre l'Economie et l'Ethique: Nos exemples précédents sur les naissances illégitimes, les infanticides, les suicides, etc., montrent suffisamment les liens qui unissent la vie morale à la vie nutritive des sociétés.

Rapports entre l'Economie et le Droit : Il y a des rapports constants et nécessaires entre le paupérisme et la criminalité; d'un autre côte, au point de vue civil, il est suffisamment démontré que la transformation du Droit est dans un rapport nécessaire et constant avec les transformations du travail, de la propriété, des modes de production et de consommation, etc.

Rapports entre l'Economique et la Politique: Il y a des rapports constants et nécessaires entre la liberté et l'égalité économiques et la liberté et l'égalité politiques; ces dernières ne sont qu'apparentes et trompeuses là où les premières font défaut.

Il convient de signaler ici à nouveau que les rapports et les lois que parviennent à dégager des faits et des groupes naturels de faits, l'observation, l'expérimentation, et les autres procédés méthodiques de la Sociologie, ne sont pas et ne doivent pas être uniquement des rapports et des lois qualitatifs, mais, autant que possible, quantitatifs, de manière à fournir non seulement une description, mais une mesure et un calcul exacts de l'amplitude et de l'intensité de ces rapports et de ces lois. Grâce à la Statistique, ce progrès scientifique a été réalisé en bien des points surtout dans l'Economique, dans la Génétique et dans certaines parties de l'Ethique et du Droit, notamment du Droit criminel ; la statistique devient ainsi de plus en plus le véritable aliment de la méthode historique propre à la Sociologie aussi bien statique que dynamique.

Guillaume De Greef

De l'étude des rapports et des lois élémentaires simples et composés, directs et indirects, on passe naturellement à celle des fonctions et des organes sociaux dans lesquels les éléments se combinent et s'intègrent. Ce qui vicie en grande partie l'œuvre sociologique d'Herbert Spencer et surtout celle d'A. Comte, c'est, au point de vue de la Méthode, d'avoir négligé et même systématiquement nié l'utilité et la possibilité de procéder à une classification des phénomènes sociaux. Cette classification est cependant la base indispensable de la Statique et de la Dynamique, de la Structure et de l'Evolution collective.

La classification élémentaire naturelle fait défaut chez M. H. Spencer, celle des éléments et des organes chez A. Comte que ses ailes d'Icare transportent, il est vrai, à des hauteurs vertigineuses d'où son génie embrasse vaguement les lois sociales les plus générales, mais qui tombe finalement dans les flots incohérents d'un subjectivisme sentimental où il s'engloutit.

L'étude des rapports et des lois organiques des sociétés ne peut donc être méthodiquement que la suite de l'analyse et de la classification des phénomènes sociologiques élémentaires, de leurs rapports et de leurs lois également abstraits et élémentaires.

Les phénomènes élémentaires fonctionnent dans la vie sociale par des organes qui en règlent, facilitent et modèrent l'exercice; ces organes sont les institutions proviennent dites.

Il y a des institutions ou organes économiques: chemins de fer, canaux, postes et télégraphes, banques de dépôt, d'émission, de circulation, de crédit, des institutions agricoles, industrielles, commerciales où s'incarnent le travail, le capital, la production, la consommation, la circulation.

Il y a des institutions génésiques: la famille, le mariage, la paternité, l'adoption, le divorce, la tutelle.

Il y a des institutions artistiques: écoles, académies, musées.

Il y a des institutions scientifiques: écoles à tous les degrés, professionnelles ou humanitaires, instituts, congrès, laboratoires, commissions nationales et internationales de statistique , instituts.

Il y a des institutions morales: religieuses, rationalistes, civiles.

Il a des institutions juridiques: tribunaux civils, de commerce, répressifs, conseils d'arbitrage, de conciliation.

Il y a enfin des institutions politiques: assemblées représentatives à tous les degrés, administration, pouvoir exécutif.

Entre chacun de ces organes et de ces groupes d'organes dont nous venons seulement d'indiquer des spécimens il existe des rapports constants et nécessaires et par conséquent des lois ; ces rapports et ces lois sont abstraits en tant qu'ils s'appliquent à toutes les sociétés, abstraction faite des conditions spéciales que ces sociétés subissent, concrets en tant qu'on les envisage dans ces conditions particulières.

Ici la statistique se transforme véritablement en histoire proprement dite; ici nous pouvons admirer avec reconnaissance les travaux de ces sociologistes qui ont fait de l'histoire des institutions sociales une science dont les progrès placent notre siècle bien au-dessus de ceux illustrés par les plus grands historiens de l'antiquité. A. Thierry, Fustel de Coulanges , de Laveleye, Sumner Maine, von Ihering, Mommsen, pour n'en citer que quelques-uns parmi les plus célèbres, ont scruté les organes spéciaux des sociétés à une profondeur et avec un talent d'analyse et de synthèse que n'atteignirent jamais les anciens; ils en ont décrit la structure et l'évolution, chacun dans la branche particulière du savoir à laquelle ils avaient consacré leur vie.

Leurs travaux et ceux de nos contemporains encore vivants, dans toutes les parties des sciences sociales tant élémentaires qu'organiques, rendent enfin réalisable avec une perfection plus grande l'étude de cette structure ou statique sociale générale d'ensemble que l'imperfection transitoire des connaissances avait rendue si périlleuse pour les précurseurs de la Sociologie positive.

L'œuvre des savants qui ont décrit la structure et le fonctionnement des diverses institutions sociales en insistant principalement sur leur continuité et leur transformisme dans l'espace et le temps par exemple au point de vue de la propriété, du mariage, des diverses formes artistiques, des institutions religieuses, des écoles métaphysiques et scientifiques, des conceptions et des fondations morales, des théories et de leurs applications juridiques et enfin du régime et du système politiques, a eu déjà et aura de plus en plus cet heureux résultat de nous faire envisager les rapports et les lois qui existent entre les faits sociaux non plus seulement comme des lois et des rapports abstraits tels que ceux qui nous apparaissent lorsque nous bornons nos investigations aux simples relations des phénomènes sociaux élémentaires, mais leur œuvre nous prépare à une conception plus exacte, plus réaliste et plus élevée ; elle nous initie et nous prépare à la compréhension d'une structure sociale analogue aux structures organiques bien que considérablement plus vaste et plus compliquée; rien ne pouvait mieux nous élever à cette notion finale d'une structure sociale d'ensemble si ce n'est la démonstration désormais acquise que les rapports et les lois entre phénomènes sociaux élémentaires se combinent, se coordonnent organiquement et se formulent en institutions collectives particulières. Dès lors ces rapports et ces lois ne sont plus simplement des rapports et des lois idéaux, des formules purement subjectives destinées à venir en aide à la faiblesse de notre intelligence; ces rapports et ces lois s'incarnent dans des institutions positives; celles-ci à leur tour s'agencent, se nouent, se coordonnent, s'unifient entre elles par des liens structuraux, des organes de relation qui forment de la vie collective générale non plus une simple idée, mais une continuation effective de l'ordre naturel universel.

Ainsi l'idéalisme et le matérialisme sociologiques absolus se fondent méthodiquement et historiquement dans ce réalisme scientifique où aboutit aussi la philosophie générale des sciences.

La dynamique sociale générale était inabordable sans une connaissance suffisante de la structure intégrale des sociétés et de celle de leurs institutions ou organes particuliers. Dynamique et structure générale, organographie et fonctionnement spéciaux avaient à leur tour comme fondement naturel et nécessaire l'observation et la classification hiérarchique naturelle des phénomènes sociaux élémentaires.

La recherche des rapports et des lois sociologiques nous permettra-t-elle de dégager une loi sociologique générale, à la fois statique et dynamique, abstraite et concrète ? Si notre classification hiérarchique des phénomènes sociaux est exacte, nous pouvons supposer dès maintenant que cette loi sociologique primordiale sera la plus simple et la plus générale de toutes celles qui se rapportent à la classe également la plus simple et la plus générale de l'ordre sociologique, c'est-à-dire, l'économique, et dans cette classe à la division primaire, la circulation. Dès à présent, il n'est pas téméraire d'affirmer, en se fondant sur les inductions et les expériences acquises, que la structure et le fonctionnement de toutes les sociétés sont déterminés en général par la structure et le fonctionnement économiques et, en première ligne, par les lois de leur circulation économique.

Les lois sociologiques elles-mêmes sont déterminées par les lois de tous les phénomènes qui forment l'objet des sciences antécédentes; il est toujours nécessaire de se le rappeler; c'est ainsi que M. Herbert Spencer rattache la sociologie aux lois de la persistance de la force, de la concentration et de la diffusion incessantes de la matière et du mouvement, lois communes à tous les ordres de phénomènes depuis l'astronomie jusqu'à la sociologie; dans la nature entière, le passage de la diffusion à la concentration concorde habituellement avec un passage de l'homogène à l'hétérogène; partout et toujours l'évolution et la dissolution sont étroitement unis et dans ce passé et cet avenir qui nous apparaissaient sans limite déterminable, la force rentre dans la même catégorie que l'espace et le temps; pas plus que ceux-ci elle n'admet de bornes dans la pensée.

S'il est vrai que les lois sociologiques, les plus complexes de toutes les lois naturelles, sont convertibles en quelques lois simples et universelles, il importe cependant d'ajouter que ces généralisations ne sont pas du domaine privé de la sociologie, mais plutôt de la philosophie générale des sciences; la sociologie n'est que la philosophie des sciences sociales particulières.

Ce domaine est suffisamment vaste; innombrables sont les rapports, les combinaisons, auxquels donnent naissance et se prêtent les faits sociaux. A elles seules, les sept classes de phénomènes, considérées d'une façon indivise comme groupes séparés, peuvent donner lieu à cent vingt-sept combinaisons, savoir:

Combinaisons	1 à 1	=	7
Combinaisons	2 à 2	=	21
Combinaisons	3 à 3	=	35

Combinaisons	4 à 4	=	35
Combinaisons	5 à 5	=	21
Combinaisons	6 à 6	=	7
Combinaisons	7 à 7	=	127

Chacune de ces sept classes se partage à son tour en divisions et en subdivisions et toutes en outre sont en rapport avec les phénomènes qui font l'objet des six classes des sciences antécédentes ; on constate alors que les rapports et combinaisons auxquels peut donner lieu la vie des sociétés sont pour ainsi dire innombrables.

Il ne suffit pas de colliger un nombre considérable de faits sociaux pour en déduire des considérations d'ensemble, il faut classer ces faits suivant leurs rapports naturels de ressemblance et de dissemblance et aussi suivant leur ordre hiérarchique de complexité. Après cela, il est permis de procéder à la découverte et à l'appréciation des rapports simples ou composés, directs ou indirects qui existent entre les divers groupes de phénomènes.

On se ferait cependant encore une conception incomplète et inexacte de la grandeur et de la difficulté du problème si l'on envisageait exclusivement l'action directe ou indirecte exercée par les phénomènes ou groupes de phénomènes les plus simples et les plus généraux sur les plus complexes et les plus spéciaux. Il convient en effet de reconnaître que ces derniers agissent directement et indirectement *par réaction* sur les premiers. De là une nouvelle série de rapports et de lois à rechercher et à étudier. Ainsi, par exemple, la classe des facteurs politiques, qui est la plus spéciale et la plus complexe de toutes, agit par voie de réaction, et pour ainsi dire par régression, d'abord directement sur la classe de phénomènes juridiques, et indirectement ensuite sur toutes les autres clauses antécédentes. Il est possible en effet, par une politique méthodique et savante, de transformer ou d'aider à transformer les conceptions juridiques et morales et même de susciter les progrès scientifiques et artistiques qui facilitent l'évolution spontanée du développement économique et génésique des sociétés.

Comme on le voit, le champ des investigations sociologiques est immense ; sa fécondité est inépuisable pour tous ceux qui, s'arrachant à l'absolu religieux et métaphysique stérile, sauront se résoudre à se livrer à la patiente et rémunératrice recherche du relatif et de ses lois en dégageant de mieux en mieux ce qui est général, constant et nécessaire de ce qui est particulier, variable et contingent.

De là la complexité réellement troublante de la science sociale, complexité qui n'est dépassée que par la simplicité des gouvernés et l'outrecuidance des gouvernants dont des générations successives vivent de l'agitation et de l'exploitation de quelques formules vagues et décevantes au-dessus et en dépit desquelles le profond déterminisme de la nature suit son imperturbable cours.

Heureusement, si le tissu des phénomènes sociaux est le plus compliqué de tous, il entre dans ses matériaux des éléments empruntés aux modes les plus élevés de notre vie morale et intellectuelle ; l'observation ainsi que l'expérience nous montrent que la vie des sociétés plus encore que la vie individuelle, précisément parce qu'elle est plus vaste et plus variée que cette dernière, se prête à l'intervention réformatrice et régulatrice d'une volonté collective analogue à la volonté individuelle, mais sans comparaison plus puissante; cette puissance collective qui dans les civilisations autoritaires s'incarna dans les formes diverses de la souveraineté devient de plus en plus aujourd'hui une fonction au service de la société; à mesure que cette fonction s'organise et se perfectionne, son efficacité augmente tandis que parallèlement le corps social, par son développement propre, devient plus plastique et plus malléable.

Ainsi le débat théorique entre l'individu et l'Etat se résout en une transformation de l'Etat pour le plus grand bien des individus et l'intervention de la force collective s'étend et se justifie par la réduction continue, il est vrai, des formes despotiques de cette intervention, mais aussi par l'accroissement effectif de cette dernière, par le moyen des formes supérieures du *self-government* au profit de la liberté individuelle. C'est pour n'avoir pas compris cette corrélation progressive, ce parallélisme du développement de l'Etat et de celui de l'individu que de Laveleye et M. Herbert Spencer ont défendu des thèses politiques absolues, également inadmissibles et que les événements sociaux démentent journellement leurs théories.

Guillaume De Greef

L'histoire et la philosophie des croyances et des doctrines politiques devront désormais être étudiées en tenant compte de cette corrélation nécessaire entre l'évolution des formes de la vie individuelle et celle des formes de la vie collective ou de l'Etat; celui-ci n'est pas l'antithèse, mais la synthèse des individus.

CHAPITRE VII
LES CROYANCES ET LES DOCTRINES POLITIQUES

C'est précisément parce que les phénomènes sociaux sont modifiables et par conséquent perfectibles qu'une science politique est possible. Ainsi nous sommes naturellement conduits par les considérations précédentes à la conclusion spéciale de cette étude relativement à l'évolution des croyances et des doctrines politiques.

Rappelons ici quelques considérations préliminaires indispensables.

Nous entendons par *fonction sociale* l'acte spécial que chaque *organe* social exécute habituellement; l'accomplissement des fonctions sociales n'est autre chose que l'accomplissement par des organes réguliers des diverses propriétés qui résultent des combinaisons supérieures aux simples combinaisons vitales, combinaisons qui ne se rencontrent pas, en général, dans les autres organismes.

Ainsi, la circulation fiduciaire est une fonction *sociale*, d'ordre économique; la monnaie métallique, le billet de banque, les banques elles-mêmes sont des organes de cette fonction. L'ensemble coordonné des divers organes sociaux constitue le superorganisme social. Contrairement à de Lavelaye et à la suite d'A. Comte et de Spencer, l'étude des sociétés nous les a fait concevoir comme des organisations supérieures, même en complexités, aux organismes individuels proprement dits. Les sociétés, comme tous les êtres vivants, obéissent dès lors à des lois naturelles de structure et de croissance et nous devons également considérer comme erronée et destructive de toute science sociale la distinction imaginée par l'illustre et regretté professeur de Liège, distinction qui reste malheureusement partagée par le vulgaire et par les politiciens empiriques, que les lois sociales sont celles qu'édicte le législateur et non pas des lois de la nature, et que «celles-ci échappent à la volonté de l'homme, les autres en émanent». Il n'y a de différence entre les lois sociales et les lois inorganiques et organiques auxquelles on réserve à tort le titre de naturelles, que celle résultant des combinaisons supérieures dont les phénomènes sociaux sont susceptibles, de leur plasticité et de leur masse plus considérables et plus étendues, des arrangements et réarrangements plus nombreux auxquels ils se prêtent. Ces différences ne sont que quantitatives; il en est de même pour la chimie et la biologie, bien qu'à un moindre degré relativement à la physique, et il n'est jamais venu à l'esprit de personne de nier pour cela l'existence de lois chimiques et biologiques, de combinaisons chimiques et d'organismes vivants. Nous avons prouvé ci-dessus qu'il y a, par exemple, des lois relatives à la structure et à la croissance des organes de la circulation économique; quand cette volonté collective, que de Lavelaye considérait à tort comme absolument souveraine en matière sociale tant économique que politique, n'obéit pas à ces lois, les sociétés en souffrent et parfois en meurent. Que faut-il de plus pour reconnaître qu'il y a des lois sociales naturelles comme il y a des lois physiologiques et physiques naturelles ? La Volonté humaine ne peut violenter les phénomènes sociaux qu'en modifiant, dans une mesure qui est loin d'être arbitraire, les conditions déterminantes de leur production [1].

Les sociétés humaines sont donc des organismes supérieurs à tous les autres et soumis à des lois ; leurs organes se forment comme ceux de tous les autres êtres vivants, par le fonctionnement habituel des propriétés sociales suivant des voies déterminées; la façon dont, spontanément ou consciemment, se fixent ainsi les modes d'activité sociale donne naissance aux organes.

Nous avons exposé ailleurs comment et pourquoi les phénomènes politiques sont les plus spéciaux et les plus complexes de tous les phénomènes sociaux. Les sociétés ont des besoins et par conséquent des désirs, les uns simples et généraux, tels que les besoins et les désirs économiques et génésiques, ce sont aussi les plus essentiels; les autres, plus composites et spéciaux, tels que les besoins et les désirs artistiques, scientifiques, moraux, juridiques,

---

1 De Laveleye, Economie politique; Id., Le Gouvernement dans la démocratie, notamment le chapitre II: la Société n'est pas un organisme.

Guillaume De Greef

ce sont les plus nobles et les plus élevés. La façon dont les sociétés y donnent satisfaction est automatique, instinctive, plus rarement raisonnée et surtout méthodiquement raisonnée ou volontaire.

Comme chez les individus, les besoins dans les sociétés donnent naissance à une *Représentation* émotionnelle ou idéale, à des désirs, à des tendances d'ordinaire contradictoires, à une hésitation, à une *Délibération* qui se coordonnent de mieux en mieux dans des centres spéciaux appropriés avant de se transformer finalement en *Volition* et en *Exécution*.

Plus les besoins et les désirs qui arriveront à être représentés dans les organes spécialement affectés à la délibération seront nombreux, complexes et contradictoires, plus l'hésitation sera grande, plus la délibération sera raisonnée et consciente, moins la volition et l'exécution consécutives seront instinctives, réflexes et automatiques.

Les fonctions et les organes qui, dans les sociétés, sont relatifs à l'accomplissement de la *Représentation* des intérêts et des désirs, de leur *Délibération* et de la *Volonté* et de *L'Exécution* qui en sont la conséquence, sont les fonctions et les organes politiques proprement dits; leur ensemble constitue l'organisme ou le système politique, la partie la plus délicate du superorganisme social, analogue au système nerveux central des êtres organisés supérieurs, mais bien plus considérable, plus complexe et doué de propriétés particulières qui ne se rencontrent pas chez ces derniers [1].

La science politique est donc cette partie de la science de la nature qui a pour objet l'étude et la connaissance des phénomènes, des lois, des fonctions, des organes sociaux relatifs à la représentation, à la délibération, à la décision et à l'exécution des divers intérêts collectifs.

La politique est la théorie de la volonté collective; la politique est le système régulateur suprême des intérêts ou besoins économiques, génésiques, artistiques, scientifiques, moraux et juridiques qui ne trouvent pas dans leurs centres propres et successifs de coordination de régulateurs suffisants.

Quant aux croyances et aux doctrines politiques, elles appartiennent évidemment à ce groupe de phénomènes sociaux

---

1 G. De Greef. *Le Régime représentatif.* Bruxelles, 1892.

LES CROYANCES ET LES DOCTRINES POLITIQUES

que nous avons embrassés, d'après leurs caractères communs, dans notre tableau hiérarchique et intégral des sciences, sous le titre de : scientifiques ou intellectuels.

Les croyances et les doctrines politiques sont naturellement soumises aux lois les plus générales, tant statiques que dynamiques, de ce groupe de phénomènes. Homogènes, confuses et incohérentes primitivement, elles se confondent successivement avec les systèmes théologiques et subissent l'influence des conceptions métaphysiques; elles partagent, sous ce rapport, le sort de la morale et du droit; comme eux la science politique ne se dégage que fort tard des inévitables synthèses hypothétiques; même après que la politique a commencé à devenir positive, elle se confond encore longtemps avec les principes simplement moraux et avec le droit, surtout avec le droit représenté par la loi.

Observons les stades successifs parcourus par les croyances et les doctrines politiques, depuis leurs formes les plus rudimentaires jusqu'à ces formes déjà élevées que nous rencontrons notamment au Pérou et au Mexique, dans l'Égypte ancienne, dans l'Iran, dans l'Inde, dans la Perse et surtout dans cette intéressante civilisation chinoise, qui par cela même qu'elle a eu si peu de rapports avec la nôtre, constitue, par sa conformité avec les lois sociologiques générales, la plus remarquable expérience collective dont il nous soit peut-être donné de profiter. C'est en Chine, notamment, que la science politique, dégagée en grande partie des formes religieuses, nous apparaît comme une science essentiellement morale et confondue complètement encore avec cette dernière.

La merveilleuse conformité structurale et évolutive que nous découvrons sous les apparences divergentes de ces civilisations particulières nous permet d'entrevoir la possibilité de procéder à des généralisations provisoires et partielles et de dégager quelques lois sociologiques relatives à la structure et à l'évolution des doctrines et des croyances politiques.

L'histoire grecque et romaine nous montre un progrès immense réalisé dans la pratique et dans la doctrine relatives aux organisations des fonctions représentatives et exécutives. C'est là, malgré ce qu'en pensent les admirateurs exclusifs des races germaniques, c'est là et dans ces communautés primitives dont la tradition ne se perdit jamais, que se trouvent les origines profondes et les racines indestructibles de ce self-government social qui est l'idéal des sociétés politiques.

L'étude des croyances et des doctrines politiques est donc une application des méthodes à la fois logique, dogmatique et historique que nous avons exposées au début de ce travail; les observations et les expériences qu'elle fournit permettront de dégager d'abord certaines lois sociologiques particulières à des sociétés déterminées dans l'espace et le temps; puis, par degrés successifs, de s'élever jusqu'à des lois communes à un nombre plus ou moins considérable de sociétés et finalement à des lois communes à toutes les sociétés dans quelque période du temps ou dans quelque partie de l'espace qu'elles vivent ou aient vécu. Ainsi, de notions d'abord simplement empiriques, d'observations et d'expériences isolées, nos vues s'étendront de plus en plus vers le champ plus vaste des lois sociologiques, d'abord concrètes et finalement abstraites, qui régissent les formes et la croissance ou la dégénérescence des croyances et des doctrines politiques. Voilà la seule méthode, lente mais sûre, de toute investigation scientifique; pour comprendre les phénomènes sociaux, il ne suffit pas de les voir de haut; celui qui observerait notre humanité en installant son observatoire dans un ballon à plusieurs milliers de mètres de hauteur, ne pourrait s'en former qu'une conception fort simpliste et bien vague; l'abstraction des détails ne doit se faire que graduellement et la recherche des grandes lignes ne doit jamais faire perdre de vue les petites; ces grandes lignes, dans l'espèce les lois sociologiques abstraites, ne sont que la synthèse de tous les linéaments particuliers, c'est-à-dire non seulement des lois sociologiques concrètes, mais de toutes les observations et expériences isolées qui forment les matériaux de ces dernières.

Les croyances et les doctrines politiques font donc elles-mêmes partie intégrante d'une structure sociale générale, elles concourent à la dynamique d'ensemble des sociétés; cette seule considération suffit à démontrer qu'elles sont régies par des lois statiques et fonctionnelles comme tous les autres phénomènes organiques. Elles sont toutes d'abord déterminées et par les conditions et les lois de leur milieu externe, inorganique et physiologique, c'est-à-dire par toutes les propriétés ou forces physiques, et par toutes les propriétés ou forces des unités biologiques humaines, douées de sensibilité, dont l'agrégat combiné avec le milieu physique forme la matière sociale.

Les croyances et les doctrines politiques sont avant tout conditionnées par ce milieu et par là elles reçoivent, comme nous l'avons déjà indiqué pour les phénomènes sociaux en général, cette uniformité de structure et de croissance qui assure objectivement, dès les commencements, l'unité de l'espèce humaine. Plus tard, la différenciation progressive des formes et des fonctions, c'est-à-dire la tendance aux variations dans l'espèce humaine, sera contre-balancée par l'uniformité plus complexe et plus haute qui résultera notamment des progrès de la science, de la morale et du droit d'où naîtront finalement des institutions politiques internationales; en attendant, dès son enfance et dès ses premiers pas, l'uniformité constitutionnelle de tous les groupes sociaux épars est assurée par leur dépendance étroite vis-à-vis des grandes lois physiques et organiques communes, dans des limites de variations restreintes, à l'ensemble de l'humanité.

Ce n'est pas tout: en tant que partie intégrante de la structure générale, les croyances et les doctrines politiques sont toujours coordonnées avec les autres parties de cette structure; elles sont un rouage dans la machine collective; leurs formes et leur croissance sont toujours en rapport avec les formes et la croissance de cet autre milieu que l'on peut appeler interne.

Les croyances et les doctrines politiques ne trouvent pas en elles seules une explication suffisante; il faut toujours les étudier dans leurs rapports avec leur milieu externe physique et ethnographique et avec leur milieu social interne surtout économique, génésique, philosophique et notamment dans leurs rapports avec les institutions politiques elles-mêmes; les croyances et les doctrines sont incompréhensibles si on ne soumet pas leur étude à ce déter-minisme scientifique. En l'absence de cette méthode, les croyances et les doctrines politiques nous apparaissent, ainsi que dans l'ouvrage de M. Paul Janet, comme des créations purement subjectives de génies plus ou moins profonds, soutenant tour à tour des thèses plus ou moins brillantes; nous voyons alors leur historien entrer en lice avec des théoriciens morts depuis des siècles et démontrer au public, sans contradiction possible, qu'Aristote et Platon se sont grandement trompés en ne pensant pas, il y a plus de deux mille ans, comme on pense de nos jours; c'est là de la critique et de l'histoire négatives et stériles; s'il n'est pas extraordinaire que les illustres ancêtres de la science politique ne soient pas imbus des idées modernes, il l'est certes beaucoup plus que les publicistes de notre temps continuent à s'embourber dans les ornières anciennes.

Les croyances et les doctrines politiques ne sont pas des jeux d'esprit arbitraires; elles exercent une importante fonction sociale; leur fonctionnement est en rapport direct avec la nature de notre intelligence. Celle-ci est douée de propriétés d'un côté analytiques et critiques, de l'autre synthétiques et coordinatrices. De là le double caractère des idées et des théories politiques en général, leur double mission sociale. D'une part, elles travaillent à la dissolution et à l'expulsion des institutions vieillies et qui ne sont plus en rapport avec le reste de la structure collective, c'est leur aspect négatif et critique; d'autre part, elles coopèrent à la formation des institutions nouvelles en correspondance avec les nécessités et les idées modernes.

Les croyances et les doctrines politiques sont donc des organes importants du corps social dont la fonction est à la fois révolutionnaire et organisatrice. Transitoirement, tant que les institutions sociales sont conformes aux besoins sociaux, tant qu'elles ne sont pas par conséquent discutées et mises en question, les croyances et les doctrines politiques, conformes alors à ces institutions, sont le plus fort ciment de la société et dans ce cas, très rare surtout dans les sociétés modernes si instables et si vivantes, elles sont essentiellement conservatrices. Dès qu'une institution sociale, au contraire, est discutée, c'est un indice de sa transformation ou de sa suppression inévitables. C'est dans ce sens qu'A. Thierry a pu écrire avec raison en parlant des écrits juridiques et politiques qui se publiaient sous le règne d'Elisabeth: «Dans ce temps-là, une nuée de jurisconsultes se levaient pour démontrer ce qui ne se démontre point, le pouvoir. Le pouvoir se déclare en s'exerçant; c'est un fait que le raisonnement ne crée ni ne détruit. Toute puissance qui argumente et soutient qu'elle existe, prononce qu'elle a cessé d'être [1].»

Or, par cela même que la stabilité absolue serait la mort absolue,

---

1 Dix ans d'études historiques : Vue des révolutions d'Angleterre.

toute puissance argumente parce que inévitablement, à certains stades du développement social, elle est discutée; éternelle est donc la critique, c'est-à-dire le progrès, mais éternelle également la transformation organique, c'est-à-dire la création incessante de l'ordre; ordre et progrès, voilà la haute conception sociale que la science politique positive dégage de l'étude des phénomènes sociaux, voilà les deux faces du même drapeau autour duquel combattent des partis dont l'absolutisme intransigeant favorise sans s'en douter, en s'entrechoquant et en se neutralisant, la production continue d'un ordre et d'un progrès relatifs, indispensables l'un et l'autre à la conservation de la vie sociale.

CHAPITRE VIII
LOIS SOCIOLOGIQUES PROGRESSIVES ET RÉGRESSIVES

La structure et la dynamique sociales nous apparaissent comme essentiellement instables et variables, bien que dans des limites déterminées; la statique des sociétés est une statique vivante comme celle des corps organisés; dans la réalité, leur structure est inséparable de leur fonctionnement. L'une et l'autre relèvent, mais en y ajoutant des caractères spéciaux et plus complexes, des lois les plus générales de l'univers, la persistance de la force, l'intégration et la désintégration incessantes de la matière et du mouvement, en un mot de l'évolution et de la dissolution continues de toutes les formes existantes.

M. H. Spencer a parfaitement exposé les rapports étroits qui relient la vie des sociétés à l'ordre universel [1]. Au point de vue de l'évolution, il a démontré que le progrès social est accompagné généralement d'un accroissement de la masse, d'une différenciation progressive de ses parties et de ses fonctions, de la formation successive d'organes de plus en plus spéciaux et élevés, enfin d'une coordination de plus en plus parfaite de ces parties et de ces organes dans des centres régulateurs et modérateurs suivant des modes à peu près semblables à l'organisation du système

---

1 Les premiers principes. - Essais sur le progrès, p. 1 à 79. - Principes de sociologie, passim.

nerveux chez les animaux supérieurs. L'évolution des formes du système nerveux aux divers degrés de la vie animale est peut-être la meilleure étude préparatoire à la sociologie; c'est la transition naturelle de la biologie à la psychologie et à la science sociale.

Cette étude préliminaire a un autre avantage : elle nous initie à une conception non plus simplement métaphysique, mais organique du progrès: ainsi l'ancienne philosophie de l'histoire devient une philosophie positive directement en rapport avec les lois de l'évolution universelle.

Les sociétés primitives n'ont pas l'idée de progrès ; même, dans des civilisations très avancées, la croyance générale, par un phénomène psychique très naturel, commence par placer l'âge d'or à l'origine des sociétés. Déjà cependant, dans l'Inde, en Perse, à Rome, en Judée, parmi les esprits les plus cultivés d'abord, dans la masse ensuite, une révolution s'opère; l'âge d'or est placé à la fin des âges successifs prédits par les prophètes et les poètes [1].

L'idée de progrès est non pas une conception innée à l'humanité, c'est une lente acquisition transmise et développée héréditairement; aujourd'hui, elle peut être considérée comme essentiellement humaine; beaucoup d'animaux sentent leur coopération simultanée; les hommes seuls, et encore convient-il de limiter ce privilège aux sociétés les plus avancées, ont conscience et concourent au développement d'une coopération successive qui relie par la tradition le passé à l'avenir, assurant ainsi notre évolution graduelle. Cette différenciation psychique et sociologique entre les animaux et l'espèce humaine fut une lente acquisition dont le développement n'entre pas dans le plan de cette étude; contentons-nous de signaler que, même de nos jours, cette différenciation est loin d'être universellement accomplie.

Parmi les intelligences philosophiques les plus élevées, l'ancien concept d'un âge d'or primitif, de formes sociales originaires supérieures, ne s'est pas entièrement effacé; il s'est simplement transformé. Ce n'est cependant qu'en apparence que le progrès semble se manifester par un retour aux formes anciennes. Déjà Hegel, et d'autres après lui, avaient érigé en loi générale du progrès la ressemblance des formes dernières et futures avec les formes

1 Virgile, *Eglog. IV*. - Servius sur le vers 4 de cette églogue. - Nigidius cité par Servius sur le vers 10. - *Livres de Daniel et d'Hénoch*. - Liv. III, 97-817 des *Livres sibyllins*.

primitives. Cette conception, bien que fausse, était historiquement naturelle; elle inaugurait l'idée évolutionniste, mais continuait à se rattacher aussi notamment à cette autre croyance ancienne, encore persistante actuellement, d'après laquelle les civilisations se mouvaient dans un cercle fatal.

D'après M. de Roberty [1], cette loi ne pourrait, si elle existe, s'appliquer qu'aux erreurs et aux mécomptes de l'esprit; l'humanité agirait dès lors comme l'individu, qui, conscient de s'être égaré, revient sur ses pas pour retrouver sa route. M. de Roberty attribue à ce phénomène le mouvement qui s'est produit parmi les criticistes et qui eut pour objet de nous présenter la métaphysique comme une sorte de poésie générale ou supérieur. J'ai décrit moi-même ailleurs les liens filiaux de descendance directe et organique qui existent entre l'art, la religion et la métaphysique. Toutefois, même avec l'explication de mon savant ami, la loi du retour aux formes primitives me paraît inacceptable. Bien qu'elle semble s'observer, notamment en économie sociale, dans une certaine tendance vers les formes collectives primitives particulièrement de la propriété et, de même dans quelques écoles artistiques et dans plusieurs *desiderata* politiques tels que la législation directe, le *referendum*, etc., ce retour n'est qu'apparent; il indique simplement la nécessité de renouer nos liens traditionnels avec l'égalité homogènes mais rudimentaire primitive; les sociétés modernes ne pourront le faire, dans tous les cas, qu'avec d'énormes modifications et adaptations en rapport avec leur complexité croissante; si c'était un retour pur et simple, ce ne serait plus un progrès, mais une régression. De Laveleye entre autres a malheureusement, dans ses études sur les formes primitives de la propriété, laissé subsister trop d'équivoques à cet égard.

La théorie du progrès devient parfaitement claire et intelligible si nous mettons les caractères si bien décrits par M. Herbert Spencer et énumérés par nous ci-dessus, en rapport avec la classification hiérarchique naturelle des phénomènes sociaux, de leurs fonctions et de leurs organes, classification que nous croyons avoir démontré être le fondement indispensable de toute sociologie scientifique.

Les lois de l'évolution et de la régression sociale sont des lois organiques, à un degré plus élevé que les lois psychiques et de

1 La Recherche de l'unité, p.6. Paris, Alcan.

Guillaume De Greef

deux degrés plus élevés que les lois purement biologiques. Voilà ce dont il faut bien se pénétrer. En somme, en complétant l'exposé sociologique de Comte et de Spencer par une classification hiérarchique des faits sociaux et par l'extension des lois évolutionnistes de la biologie et de la psychologie à l'évolution progressive ou régressive des sociétés, nous continuons simplement leur œuvre en la perfectionnant [1].

Sans remonter aux lois les plus générales de l'évolution dans la nature inorganique, voyons, par quelques exemples, comment s'opèrent le progrès et la décadence dans le domaine biologique et psychique.

«Si nous éthérisons des animaux, comme des grenouilles, en continuant indéfiniment l'introduction des vapeurs d'éther, nous voyons successivement s'éteindre, après la sensibilité consciente, toutes les manifestations de la sensibilité inconsciente dans l'intestin et les glandes et nous finissons par arrêter l'irritabilité musculaire et les agitations si vivace des cils vibratiles implantés en très grand nombre, comme les poils d'une brosse, dans certaines membranes muqueuses, par exemple celle qui tapisse les voies respiratoires [2].»

Voilà la description d'une loi régressive à la fois biologique et psychique, nous pouvons la compléter par un exemple vulgaire tiré de la biologie seule et montrant à la fois le double aspect progressif et régressif de la vie: le cœur, organe de la circulation, est, suivant l'heureuse expression de Haller, l'*organum primum vivens, ultimum moriens.*

En résumé, tous les faits biologico-psychiques, qu'il nous est impossible de cataloguer ici, paraissent se résumer en cette loi que les fonctions et les organes les premiers formés continuent à survivre aux plus récents; ceux-ci s'arrêtent les premiers; d'un autre côté, les plus anciens sont les plus simples et les plus essentiels à la vie générale, les plus récents sont les plus délicats et les plus spéciaux.

1 J'ai proposé pour la première fois, après de longues préparations, mes idées sur les lois sociologiques de l'évolution progressive et régressive des sociétés dans mon cours à l'École des sciences sociales de l'Université de Bruxelles en 1889-1890. Je m'y appuyais notamment sur des faits psychiques décrits par M. Ribot dans *les Maladies de la Mémoire.*

2 Claude Bernard. *La Science expérimentale.* Paris, F. Alcan.

Voyons ce qui se passe dans le domaine principalement psychique.

Dans sa belle étude sur les *Maladies de la mémoire* [1], M. Th. Ribot expose fort bien que l'affaiblissement de la mémoire porte d'abord sur les faits récents. Les faits nouveaux ne s'inscrivent plus dans les centres nerveux ou sont de suite effacés. La cause réside dans une lésion anatomique grave: un commencement de dégénérescence des cellules nerveuses; elles sont en voie d'atrophie; «le nouveau meurt avant l'ancien».

L'affaiblissement porte ensuite sur les acquisitions intellectuelles (scientifiques, artistiques, professionnelles, les langues étrangères, etc.); les souvenirs personnels s'effacent en descendant vers le passé; ceux de l'enfance disparaissent les derniers. La cause anatomique est une atrophie qui envahit peu à peu l'écorce du cerveau, puis la substance blanche produisant une dégénérescence des cellules, des tubes et des capillaires de la substance nerveuse.

Les facultés affectives s'éteignent bien plus lentement que les intellectuelles; elles sont l'expression immédiate et permanente de notre organisation.

Les dernières acquisitions qui résistent sont celles qui sont presque entièrement organiques : la route journalière, les vieilles habitudes appartenant à l'activité automatique, avec un minimum de mémoire consciente, forme inférieure à laquelle les ganglions cérébraux, le bulbe et la moelle suffisent.

La mémoire descend donc de l'instable au stable, du spécial au général. La preuve ou vérification résulte de ce que la guérison ou reconstitution se fait en sens inverse, du stable à l'instable, du général an spécial.

Cette loi n'est elle-même qu'un cas particulier de la loi biologique plus simple d'après laquelle les structures formées les dernières sont, comme nous l'avons vu, les premières à dégénérer dans l'ordre inverse de leur évolution progressive.

Il en est de même pour les phénomènes psychiques volontaires [2].

Prenons maintenant comme exemple une fonction dont l'organisation est en rapport à la fois avec la biologie, la psychologie

---

1 Paris, Félix Alcan, p. 92 et suiv.
2 Th. Ribot. *Les Maladies de la Volonté*. Paris, F. Alcan, 8ᵉ édition, 1893.

Guillaume De Greef

et en partie déjà également avec la sociologie: le langage [1]. Nous y constatons les mêmes lois d'évolution, progressive et régressive. La mémoire du langage et des signes se perd suivant un ordre naturel et nécessaire. D'abord disparaît le langage rationnel, représenté par les mots ; en première ligne les substantifs ou noms propres et noms de choses, concepts concrets, puis les verbes qui servent de lien ou de rapport entre les noms, et enfin les adjectifs qui avec les verbes sont les signes indicatifs d'actes et de qualités.

Après les mots, s'éteint le langage émotionnel représenté par les interjections, les phrases exclamatives. En dernier lieu s'annihile le simple langage musculaire, celui des gestes [2].

De même, à titre de vérification, nous observons que la loi de formation du langage va des gestes aux paroles et de ces dernières aux signes idéaux, à l'écriture.

L'ordre sociologique étant une continuation plus complexe de l'ordre universel antécédent plus simple, nous voilà préparés à concevoir la nature des lois progressives et régressives en ce qui le concerne.

Dans le deuxième volume de mon Introduction à la sociologie, j'ai systématiquement exposé comment les fonctions et organes relatifs à chacune des sept classes de phénomènes sociaux se forment naturellement les uns des autres suivant leur ordre de complexité et de spécialité croissantes. Leur déformation régressive suit l'ordre inverse, c'est-à-dire que l'organisation politique décline avant l'organisation juridique, celle-ci avant la structure morale, laquelle se dégrade avant les institutions scientifiques; ces dernières à leur tour s'effondrent antérieurement aux formes artistiques dont le déclin précède celui de la vie familiale qui s'évanouit avant la débâcle économique après laquelle les sociétés retombent dans les modes incohérents et simplement automatiques des formes primitives.

Ceci encore une fois n'est qu'une application particulière d'une loi générale d'après laquelle la stabilité des formes est en raison inverse de leur complexité. Les structures sociales sont plus instables que les structures vivantes, celles-ci que les formes inorganiques, et, dans toute société, les formes les plus élevées sont aussi les plus

1 A. Comte fait figurer la théorie du langage dans sa *Statique sociale*.
2 Th. Ribot. *Les Maladies de la mémoire*. Paris, F. Alcan, 8ᵉ édition, 1893.

délicates, les plus mobiles, les plus variables. Le pouvoir politique peut être bouleversé, sans que les lois soient changées; celles-ci peuvent être fréquemment remaniées sans que leur changement corresponde à une transformation des mœurs; enfin de grandes révolutions politiques, juridiques et, morales peuvent agiter la société sans altérer en rien leur structure économique. En général, les formes les moins complexes et les plus stables sont naturellement les plus lentes à se modifier. Ainsi, von Ihering a fort bien observé, qu'en droit romain, la reconnaissance de l'indépendance privée du fils demanda un temps infiniment plus long que l'émancipation politique de la plèbe. Il en est aujourd'hui de même pour la situation civile de la femme même dans les pays à suffrage universel.

Les régressions sociales, de même que le progrès, peuvent être vives ou lentes, régulières ou quasi subites. En temps de guerre, le corps social se rétracte; ce n'est plus qu'une hiérarchie militaire avec une tête, le droit redevient l'antique commandement, *jus, jussus.* Ainsi, à Rome, les tribuns du peuple n'avaient plus de pouvoir à l'armée; la plèbe y redevenait sujette.

Il y a aussi régression subite et complète quand un groupe social plus ou moins nombreux et avancé est subitement enlevé au milieu de la formation de son organisation supérieure. Au Mexique, dans l'Amérique du Sud, aux îles Fidji, on a vu des Européens retourner en peu de temps à la sauvagerie, même au cannibalisme [1].

Sans une classification hiérarchique naturelle des phénomènes sociaux, la statique et surtout la dynamique sociales deviennent inintelligibles et inexplicables. Non seulement la formation et la déformation des fonctions et des organes, dans les sociétés, s'effectuent dans l'ordre de leur hiérarchie naturelle, mais dans chaque classe, la formation et la déformation des fonctions et des organes particuliers de cette classe s'opèrent suivant même loi. Ainsi dans l'organisation politique les formes contractuelles supérieures et récentes de self-government s'effaceront avant les formes purement administratives, avant les conseils d'Etat, les ministères, avant surtout le despotisme du pouvoir exécutif. Dans la vie économique, les formes destinées à assurer la liberté du travail, les conseils de l'industrie, les chambres de conciliation

---

1 *Waltz. Anthropology*, 313. Traduction anglaise.

Guillaume De Greef

et d'arbitrage, etc., de formation moderne, disparaîtront avant les anciennes structures capitalistes et propriétaires d'origine ancienne, féodale ou quiritaire. Celles-ci, à leur tour, disparaîtraient avant qu'il fût possible aux civilisations avancées de retourner aux formes homogènes primitives [1].

Quelques exemples empruntés à chacune des classes de phénomènes sociaux suffiront pour le moment à justifier l'exactitudes de ces lois sociologiques relatives au progrès et à la décadence des sociétés.

Les formes politiques, particulièrement les structures supérieures, disparaissent les premières. Ainsi la féodalité n'existe plus comme, organisation politique, mais elle persiste encore dans les rapports économiques et moraux et même familiaux de nos propriétaires avec leurs tenanciers et ouvriers. Ce qui s'établit à l'origine et fut la base de la féodalité est ce qui perdure en dernier lieu. Tant que ces rapports originaires, les plus simples et les plus généraux subsistent, le péril social subsistera également de voir renaître les formes politiques et juridiques les correspondantes plus complexes qui en sont la suite naturelle.

Un droit, justifié à l'origine, peut devenir un privilège odieux ; ainsi l'immunité des impôts au profit de la noblesse qui était chargée de l'office militaire cessa d'être juste après que cette caste ne remplit plus son office; le droit se transforma après la suppression de la fonction politique.

Dans toutes les grandes civilisations passées, nous pouvons observer que la décomposition morale commence par l'effondrement des grandes doctrines religieuses ou métaphysiques qui, tombées en discrédit, laissent à découvert les profondes lésions qui ont atteint les mœurs en général.

Dans son discours de réception à l'Académie française, l'illustre C. Bernard montrait fort bien la filiation des arts, des lettres et des sciences: «On a raison de dire que les lettres sont les sœurs aînées des sciences. C'est la loi de l'évolution intellectuelle des peuples qui ont toujours produit leurs poètes et leurs philosophes (métaphysiciens) avant de former leurs savants. Dans ce développement progressif

---

1 Nous réservons à nos deux derniers volumes d'*Introduction à la Sociologie* consacrés à la Structure et à la Dynamique générale des sociétés l'exposé et la démonstration méthodiques de ces lois.

de l'humanité, la poésie, la philosophie et les sciences expriment les trois phases de notre intelligence, passant successivement par le sentiment, la raison et l'expérience.»

De son côté, M. Ch. Potvin indique comme suit que la régression s'opère en sens inverse lorsqu'il écrit que «le siècle des ducs de Bourgogne jusqu'à Charles-Quint est à la fois notre premier siècle artistique et notre dernier siècle littéraire». Cela signifie que le recul social inauguré par le despotisme politique avait déjà détruit le développement intellectuel pour ne laisser subsister et s'épanouir que les formes artistiques.

A Rome, en Grèce, on continue à avoir dans la maison un foyer domestique, à le saluer, à l'adorer, à lui offrir la libation, mais ce n'était plus qu'un culte d'habitude non vivifié par la foi; de même pour le foyer des villes ou prytanée, on n'en comprenait plus l'antique signification: le culte des ancêtres, des fondateurs, des héros de la cité; on continuait à entretenir le feu, à faire les repas publics, à chanter les vieux hymnes qu'on ne comprenait plus; les divinités de la nature *redevenaient* des sujets poétiques. Les rites et les pratiques survivaient aux croyances. Ce qui subsiste le plus longtemps des religions, c'est ce par quoi elles ont commencé, les rites, les sacrifices, le cérémonial; la foi païenne n'existait plus qu'on punissait encore sévèrement toute atteinte posée aux rites.

De même continuaient les repas publics en commun alors que la communauté économique et familiale primitive avait depuis si longtemps disparu que les repas publics, dégénérés en routine, n'avaient plus de sens ni pour la multitude ni même pour les sommités sociales.

Les sociétés progressent et régressent donc suivant des lois nécessaires dont nous venons de donner un faible aperçu. Insistons cependant sur ce point commun à la sociologie et à la psychologie, que toute décadence des formes et des fonctions supérieures voile généralement une lésion plus ou moins grave des formes inférieures. C'est ainsi que les dégénérescences psychiques sont déterminées par des lésions anatomiques. En sociologie, les troubles politiques, juridiques, moraux, philosophiques, artistiques, familiaux, révèlent le plus souvent de graves perturbations économiques, lesquelles à leur tour peuvent être en rapport avec des troubles psychiques et une décadence biologique graves; dans ces derniers cas, la vie même de la société, en général, est en péril.

Les sociétés peuvent donc se déformer et mourir suivant certaines lois de même qu'elles progressent et naissent suivant des lois, également naturelles. Dans les sociétés, comme chez les animaux, le degré de vie varie avec le degré de correspondance. Parmi les animaux d'organisation inférieure, la mortalité est énorme; ils subissent les influences les plus simples; les autres ont plus de ressources, plus de vie, ils s'adaptent à des circonstances plus nombreuses, plus spéciales; leur existence est moins simple, leur formation et plus longue; leur mort exige plus de complications. Les sociétés sont donc d'autant plus viables qu'elles savent s'élever à des formes plus complexes et plus spéciales, facilitant leur adaptation continuelle, rétablissant leur équilibre instable de manière à ne pas être à la merci d'une perturbation élémentaire.

Il n'y a pas de raison pour qu'une société pacifique, laborieuse, où la circulation des richesses est bien répartie, où la vie familiale, émotionnelle, intellectuelle et morale progresse et s'épure, où la justice devient de plus en plus la règle de l'activité sociale et où la politique enfin n'est que la régulatrice suprême des grands intérêts sociaux exactement représentés et se gouvernant librement eux-mêmes, périsse accidentellement ou naturellement. Au contraire, se développant régulièrement au point de vue de la masse, se différenciant de mieux en mieux dans ses parties, coordonnant ces dernières dans des organes locaux, régionaux et internationaux de plus en plus élevés, une telle société peut défier la mort ; sa longévité indéfinie finit par se confondre avec celle de l'espèce humaine et de ses conditions terrestres.

En cela la vie sociale se distingue de la vie animale ordinaire et aussi en ce que les sociétés étant composées d'unités sensibles et conscientes, bien qu'à des degrés divers, elles ont le pouvoir, dans les limites naturelles, d'abréger ou d'augmenter spontanément le cours de leur existence; leur vie et leur mort sont, dans ces conditions, entre leurs mains.

FIN

ISBN : 978-1539489634

www.ingramcontent.com/pod-product-compliance
Lightning Source LLC
Chambersburg PA
CBHW070119290526
45789CB00005B/2069